テキスト マネジメント

藤原徹三　木村三千世
黒田廣美　原田保秀　著

学文社

はじめに

　現代社会における私たちの生活は，企業とは切っても切れない関係であるといえます。企業に勤めているひとはもちろんのこと，学生もいずれビジネスパーソンとして企業にかかわる時期がくるでしょう。しかし，現在，直接かかわっている実感がなくとも，さまざまな企業から商品やサービスの提供を受けなければ，生活することが難しいことは明らかです。私たちの生活に不可欠な企業は，激変する経営環境のなかを，まるで生き物のように変容しながら，環境に対応して維持・発展することをめざし，経営活動を行っています。

　実社会で働いた経験が少ない学生にとって企業の経営環境を具体的にイメージすることは難しいかもしれません。変動している社会や企業で働くために，企業組織や経営行動，さらには自己のキャリアに影響する人事システムのことなど，職業に就く前に学んでおくべきことは数多くあります。そこで，私たち著者は，限られた授業時間で，十分な内容が体系的かつ簡潔に学習できるテキストの必要性を感じ，本書を企画するに至りました。

　本書は，これから社会へ巣立とうとする大学生・短期大学生を対象とした，経営学およびマーケティングの基礎知識を習得するための教科書，または各種資格試験の参考書として編集いたしました。ビジネスパーソンとして職務を遂行するために必要となる知識を学び，練習問題をとおして，基本的知識を習得することを目標としています。さらに，学生の視点に立ちわかりやすさを優先させ，全体が把握しやすいようにコンパクトにまとめ，文章はなるべく平易な表現を用いました。

　まず，第1部では，企業経営について，経営学のさまざまな学説，企業組織や戦略について学んだ後，経営資源であるヒト・モノ・カネ・情報について学習を進めます。第2部では，企業経営に欠かすことのできないマーケティングについて，マーケティング調査だけに止まらず，販売計画，商品計画，製品計画，流通，さらに販売促進に至るまでを体系的に学ぶことができるように配慮しました。ビジネスで必要となる企業経営における基礎を習得し，各自の職業人生の目標の達成を後押しできることを，私たち著者は願っています。

　本書を出版するにあたり，参考文献にあげた著書に止まらず，先達の叡智を多く参考にさせていただきました。さらに，編集の折には，校正を慎重に重ねましたが，期せずして不備があるかもしれません。正誤を含め，変化する経営環境に即した内容にするため，最新の情報をホームページ（www. gakubunsha.com/リンク集）にて掲載いたしますので，ホームページの情報も併せてご利用ください。今後，読者諸兄のご意見・ご批判を仰ぎながら，本書について，更なる最新の情報を提供していきたいと考えております。

2004年1月31日

著　者　一　同

テキスト マネジメント・もくじ

第1部　経営学概論編

第1章　経営学の変遷 …………………………………………………………………8
 §1　経営学の夜明け ………………8　§2　企業経営と戦略に関する研究 ………10
 §3　組織と管理に関する研究 …………13　§4　労働者とモチベーションに関する研究 …16

第2章　企業形態と組織のしくみ ……………………………………………………20
 §1　産業と企業 ………………………20　§2　企業形態 ……………………………22
 §3　経営組織の構造 …………………25　§4　ゴーイングコンサーン ……………28

第3章　経営戦略 ………………………………………………………………………30
 §1　経営戦略の体系 …………………30　§2　事業の構造化戦略 …………………31
 §3　事業の多角化戦略 ………………33　§4　成長戦略のための資源獲得 ………37
 §5　競争戦略 …………………………39

第4章　人的資源管理 …………………………………………………………………46
 §1　雇用とキャリア形成 ……………46　§2　キャリア形成と能力開発 …………49
 §3　評価と報酬 ………………………51　§4　効果的経営のための人的資源管理 …54

第5章　財務管理と企業情報 …………………………………………………………58
 §1　財務会計の基礎知識 ……………58　§2　簿記の基礎知識 ……………………59
 §3　財務諸表 …………………………60　§4　経営分析 ……………………………63
 §5　企業と税金 ………………………65　§6　会計情報のグローバル化 …………67

第6章　生産管理 ………………………………………………………………………69
 §1　生産管理の基本 …………………69　§2　生産管理の種類 ……………………70
 §3　効率的な生産方式 ………………73　§4　生産管理が必要となった背景 ……76
 §5　生産活動と環境 …………………78

第7章　日本企業のグローバル化 ……………………………………………………80
 §1　日本的経営 ………………………80　§2　企業のグローバル化 ………………85
 §3　企業の社会的責任 ………………88

第2部　マーケティング編

第1章　マーケティングの基本 …………………………………………………………92
- §1　マーケティングと現代市場 ………92
- §2　マーケティングの発展 ……………94
- §3　マーケティングの内容 ……………97
- §4　マーケティング管理 ………………99

第2章　マーケティング調査 …………………………………………………………102
- §1　マーケティング調査の意味 ………102
- §2　状況分析と略式調査 ………………104
- §3　正式調査 ……………………………105

第3章　販売計画と仕入計画 …………………………………………………………112
- §1　販売計画 ……………………………112
- §2　仕入計画 ……………………………115
- §3　商品管理 ……………………………118

第4章　製品計画 ………………………………………………………………………122
- §1　製品計画の意義 ……………………122
- §2　製品開発 ……………………………123
- §3　製品政策と製品ミックス …………127
- §4　製品計画にかかわる企業の社会的責任 …129

第5章　流通経路 ………………………………………………………………………132
- §1　流通経路の設定 ……………………132
- §2　流通経路政策 ………………………135

第6章　販売価格 ………………………………………………………………………141
- §1　価格の概念 …………………………141
- §2　価格政策 ……………………………143
- §3　価格に関する諸問題 ………………147

第7章　販売促進 ………………………………………………………………………150
- §1　販売促進 ……………………………150
- §2　広告活動 ……………………………151
- §3　販売員活動 …………………………154
- §4　信用販売 ……………………………158
- §5　店舗の立地と商品の陳列・照明 …159
- §6　その他の販売促進活動 ……………161

参考文献　　165

索　　引　　169

第1部

経営学概論編

第1章　経営学の変遷

§1　経営学の夜明け

1　産業革命前夜

　1500年代は，食糧を保存するための加工技術がなく，農産物を保存するために塩や胡椒という香辛料が生活の必需品であった。そこでヨーロッパの国々は，東アジアから香辛料などを大量に輸入していた。とりわけイギリスは，植民地であったインドから香辛料を調達していたこともあり，1600年に東インド会社を設立し，交易を始めるに至った。17世紀のインドでは香辛料の生産に加え，木綿産業が発達していたが，イギリスで紡績機が発明されたことにより，17世紀から18世紀にかけ，木綿産業はイギリスに勢力が移った。

　このような工業化が進展するなか，1705年にイギリスで蒸気機関が発明された。その後，ワットによって蒸気機関が改良され，石炭利用の製鉄産業が活発になった。この頃，イギリスは産業革命のまっ最中であった。

2　経営学が必要になった時代的背景

　イギリスにおける第一次産業革命以降，フランス，ドイツ，アメリカへと産業革命は波及していった。しかし，企業にかかわる人の社会的地位や社会の思想・慣習の違いから，会社組織のシステム化への各国の取り組みは異なり，アメリカでもっとも企業組織が発達した。自動車や鉄道の輸送機関が整い，工業化が広がるにしたがって，ヒトとモノの移動が活発になり，経済も加速をつけて発展した。さらに，企業は拡大するにしたがって分業が行われ，工場と事務所は分離し，さらに多額の資本が必要となり，所有と経営も分離する会社が増加した。

　このような背景のもと，より効率的な企業経営を追求するアメリカ企業において，現代の企業経営に関する研究は活発化し，世界経済のけん引的役割をアメリカが担う条件がそろっていった。時間単価を決めて労働力を提供することが一般的になると，仕事には高い生産性が求められ，生産効率を追求したことから人間性の疎外が問題になった。その対策として，人間関係や福利厚生にも配慮するようになったが，企業間競争が熾烈になっている昨今，労働者一人ひとりの生産性を問う時代が到来している。

　経営学は，自動車，鉄道などの輸送機関の発達とともに普及した企業経営を対象とする学問といえる。その目的は，世界の経済状態や科学技術の発達水準など，さまざまな環境要因から影響を直接受けながら，暮らしを便利にする財やサービスを提供することによっ

て発展する企業の経営における現象を捉えて問題を分析し，メカニズムを解明して，普遍的な管理方法や新たな戦略を構築することである。

3　日本に導入されたアメリカの経営学

アメリカからマネジメント思想と技術を産業界に紹介，導入して，日本初のマネジメント・コンサルタントとなったのが上野陽一である。

1883年に上野陽一は東京に誕生した。1903年に東京帝国大学哲学科に選科生として入学し，心理学を専攻した。1907年に本科生となり，在学中は日本におけるさまざまな学術分野の創始者から数多くの講義を受けた。卒業後，心理学研究から産業能率，科学的管理法の研究者となり，アメリカの企業経営に関する研究に取り組み，日本に紹介した。1922年に産業能率研究所の初代会長となる。戦後は人事院人事官として公務員制度の確立に努める一方，1950年産業能率短期大学を設立し，経営近代化に大きな影響を及ぼした。その業績から「能率の父」と称され，1957年に生涯を閉じた。

また，欧米において，*The Golden Book of Management*に紹介されるなど，心理学・マネジメント学界において広くその名を知られ，特にテイラーの科学的管理法と東洋思想を融合した能率哲学や経営管理技術全般の実践指導などにおいて大きな賞賛を受けた。

4　日本企業の経営の特徴

アメリカ企業の経営と日本企業の経営との違いを明らかにしたのは，1958年に『日本の経営』を出版したアベグレン（James C. Abegglen）である。彼は，1926年2月15日にウィスコンシン州マーシュフィールドに誕生し，シカゴ大学で心理学，文化人類学を学んだ。1956年に博士号を取得した後，シカゴ大学研究員，マサチューセッツ工科大学国際研究センター職員を経て，60年に企業の嘱託スタッフを務めるとともにマサチューセッツ工科大学非常勤講師となった。その後，日本でボストンコンサルタントグループの東京支社を設立し，上智大学で教鞭をとっていた。さらに，アジア・アドバイザリー・サービス会長として講演活動も行っている。

アベグレンは日本の工場の社会的組織に関する研究業績で有名になった。文化人類学の立場から，日本の工場に関する実態調査を行った。終身雇用に着目し，雇用関係を中心に日本の工場における採用制度，報酬制度，昇進制度，管理組織などの日本独自の家族的忠誠心とその結合力が，日本の工業化への重要な原動力となっていることを強調し，日本の企業社会の伝統的な価値観と人間関係を解明した。

§2 企業経営と戦略に関する研究

1 テイラー (Frederick W. Taylor)

1856年3月20日にペンシルヴァニア州に誕生した。弁護士を志してハーバード大学に合格しながら，眼病のために進学を断念して就職した。ポンプ工場で4年間見習いをした後，1878年ミッドヴェール・スチール社に機械工として就職し，90年に退職するまで，書記，機械工，組長，職長，技師長を歴任している。その後，企業コンサルタントとして作業の合理化を中心に指導した。1901年に退職してからは，科学的管理法の普及に努めた。1906年にアメリカ機械技師協会会長に選ばれ，1915年3月21日に生涯を閉じた。

テイラーがアメリカ機械技師協会に加入した1886年は，労働運動と称して労働者が広範な「組織的怠業」をしており，工場の生産活動の障害となっていた。このようなことが背景となり，科学的管理法と呼ばれる工場管理の手法であるテイラー・システム (Taylor system) が開発された。これは「労働者には高賃金，雇い主には低労務費」をめざし，工場組織の近代的工業管理のための体系的なシステムを構築するものであった。課業管理を効果的に行うために，時間研究，指導票制度，差別出来高給制度，機能別職長制度などを行い，科学的根拠に基づいた正確な課業設定をして，確実に遂行できるように管理統制する。その特徴は，科学的分析に基づいて作業方法の標準化を図り，職能分化を徹底していることである。人間性疎外という問題はあったが，管理面に科学的思考を取り込んだことの功績は大きい。

2 フォード (Henry Ford)

1863年7月30日にミシガン州の農家に誕生したが，農業より機械に興味のあったフォードの少年期の日課は機械遊びであった。1879年デトロイトの機械工場で2年間見習い生活を送り，84年にいったん農業に戻る。しかし，1890年デトロイト・エジソン電灯会社の技師長として招かれる傍ら，自宅で自動車を試作し，96年には初の自動車を完成する。1903年，フォード社を設立して社長となり，1908年にはT型車の販売を開始し，13年ごろからコンベア・システムを導入して単種大量生産体制を確立した。その後，高品質の自動車を大衆が購入できる商品とすることに成功し，会社は順調に発展した。しかし，競争激化の時期に需要が多様化する傾向を無視したため，晩年は経営難に陥った。1947年4月7日にディアボーンにて生涯を閉じた。

フォードは，フォーディズムを経営理念として，企業の目的を利潤動機から奉仕動機へ転換させ「企業は社会に奉仕する機関である」として，「低賃金・高価格の原理」を排斥して「高賃金・低価格の原理」を提唱した意義は大きかった。また，生産の標準化を徹底的に実施し，移動組立法を採用して生産活動の「同時管理」を実現した。

3 バーナード (Chester I. Barnard)

1886年にアメリカのマサチューセッツ州に誕生した。ハーバード大学を中退した後，1909年にアメリカ電話電信会社（AT&T）に入社し，ニュージャージー・ベル電話会社初代社長，ロックフェラー財団理事長を歴任し，1961年に生涯を終えた実務家である。彼の実体験から著された『経営者の役割』(1938年) は，新しい組織論として経営学の不朽の名作といわれる。

組織は「意識的に調整された二人以上の人々の活動や諸力のシステム」と定義しており，組織を維持させるためには，共通目的の保持や貢献意欲の保持，メンバー相互のコミュニケーションが不可欠であるとしている。権限受容説では，権限があっても構成員が受容しなければ，命令系統は作動しないことも示唆している。

バーナードの理論は，システム・アプローチをとる人間行動中心の行動科学であり，有効性，能率および道徳性を含む総合的性格をもちながら，個人と組織の発展を可能にするものである。意思決定，権威，道徳と責任，リーダーシップなどの研究は，その後の経営学の発展に大きく寄与するとともに，意思決定理論等はサイモンに受け継がれている。

4 ドラッカー (Peter F. Drucker)

1909年11月19日にオーストリアのウィーンに誕生した。ハンブルク大学に入学するが，2年後にはフランクフルト大学に改めて入学し，国際法・国際関係論で博士号を取得した後，金融担当編集者として就職し，さらにフランクフルト大学の講師も務める。1933年からイギリスで保険会社のエコノミストなどを歴任後，37年に渡米し，著書などを発表して脚光を浴びる。1950年以降はニューヨーク大学大学院経営学研究科教授を経て，クレアモンド大学大学院教授であり，経営コンサルタント活動や調査研究活動を行っている。

ドラッカーは，未来を予測するために，現在を理解し，過去を知る必要性を説き，過去を未来に向けて活かしてこそ，成功への道を進むことができると明言している。さらに，経営活動における成果をあげるためにエグゼクティブやミドルがなすべきことを，時間の管理，貢献へのコミットメント，人間関係，自分や部下の強みを生かす方法，仕事の優先順位，意思決定など幅広く提言している。企業活動の成果である利潤は，企業の成果を測定する尺度とすることができる。利潤は単なる儲けではなく，危険に備え，資産を減らすことなく企業の将来を形成するための費用となる。それは，機械設備や人的資源の寿命の取り替え費用，環境変化の企業設備陳腐化費用，経済などの不確実性の準備費用，企業の新陳代謝に備える費用，労働者の生活を保障するための費用，企業を発展させるための納税なども生産者が社会的に負担する費用であるとしている。

5 サイモン (Herbert A. Simon)

1916年6月15日にウィスコンシン州に誕生した。1936年シカゴ大学政治学科を卒業し，

大学院で行政学を学んだ後，39年から42年にカリフォルニア大学の行政学研究所勤務を経て，47年からイリノイ工科大学政治学教授，49年以降はカーネギー工科大学経営学科教授であるとともに企業や行政機関でコンサルタントとしても活躍し，実証的研究にも従事している（1978年度ノーベル経済学賞受賞）。

　人間の行動は行為する前に選択，決定する。情報化社会でも意思決定が企業経営の中心的課題となっている。サイモンが理論化しているこの「選択」という意思決定は「目的」と「手段」の間で行われ，「目的」は最終の「目標の選択」となることから「決定」は価値判断といい，「手段」との関係では実行の選択となるため事実判断という。意思決定は，「目標」と「手段」の連鎖のなかに位置づけられ，「目的」との関係と「手段」との関係をふまえて行うことになる。いかに効率的に「目的」へ到達するかという課題に対して，相対的な能率の概念を用いている。

6　アンゾフ（H. I. Ansoff）

　1918年にウラジオストックに誕生した。渡米し，スティーブンス工科大学で機械工業，物理学を学び，ブラウン大学で応用数学の博士号を取得する。ランド財団に入った後，ロッキード社へ入社した。この経験からカーネギー工科大学，バンダーヴィルド大学のビジネススクールで教鞭をとる。1983年からビジネススクールでも教鞭をとるとともにコンサルタントとして活躍し，2002年に生涯を閉じた。

　アンゾフは，戦略とは意思決定のためのルールであり，戦略的意思決定，管理的意思決定，業務的意思決定に分類されるとしている。戦略的意思決定とは企業の方向性や目的，市場や製品ミックスにかかわるものであり，管理的意思決定とは企業が資源を最大限に活用するために組織化するためのものであり，業務的意思決定とは経営の各機能である生産や販売における日常業務にかかわる意思決定である。また，シナジーを経営学で初めて用い，多くの場面でシナジーの測定を行い，その向上を重視した。さらに，企業の多角化が製品と市場の関連で決まってくることから，現在の製品と新製品，現在の市場と新しい市場という市場・製品マトリックスを提唱した。

7　チャンドラー（Alfred D. Chandler）

　1918年にアメリカ・デラウェア州のデュポン一族として誕生した。1940年にハーバード大学を卒業し，50年にマサチューセッツ工科大学を経て，52年にハーバード大学で歴史学の博士号を取得した後，ジョンズ・ホプキンス大学歴史学科教授を経て，71年からハーバード大学経営大学院の経営史の教授である。

　チャンドラーは，アメリカ経営史学界の最高権威者であり，大企業の多角化する過程における実証研究から「組織は戦略に従う」という有名なことばを残している。

8　ミンツバーグ（H. Mintzberg）

　1939年にカナダの企業家の息子として誕生した。モントリオールのマクギル大学でエンジニアリングを学んだ後，カナダ鉄道に勤務するが 2 年間で退社し，マサチューセッツ工科大学で学び，経営学修士号，博士号を取得する。1968年からマクギル大学で教鞭をとる傍ら，他大学でも講師を務めるとともに企業のコンサルティングにも精力的に取り組み，88年から91年まで戦略経営協会会長を歴任している。

　ミンツバーグは，経営者職能論・経営組織論・経営戦略論の研究に取り組んでおり，マネジャーの役割についての研究も有名である。また，いかに戦略が形成されていくかということに注目し，「計画された戦略」以外の「創発された戦略」として企業の成功行動パターンから組織の行動の基準，指針などができあがることを指摘している。

9　ポーター（Michael E. Porter）

　1947年にミシガン州に誕生した。1969年にプリンストン大学工学部航空機械科を卒業し，71年にはハーバード大学大学院で経営学修士号を取得した。その後，マサチューセッツ工科大学経済学部で産業組織論を学び，1973年にハーバード大学で経済学博士を取得後，ハーバード大学経営学部の教職に就き，77年から准教授，82年から正教授となり，現在もハーバード大学経営大学院の教授であり，企業コンサルタントとしても活躍している。

　経営戦略とは，事業戦略であり，競争戦略のことである。競争要因として，①同業者間の敵対関係，②新規参入の脅威，③代替品の脅威，④売り手の交渉力，⑤買い手の交渉力，の五つを規定している。この競争戦略に加えて，①コスト・リーダーシップ，②差別化，③集中，の三つの基本戦略をあげるとともに，自社の強みや弱みを分析し，経営資源の有効分配を行い，企業戦略を策定するための競争優位性の源泉をみつける方法をポーターは開発した。さらに，グローバル企業の競争戦略にかかわるクラスター分析でも研究成果を出している。

§3　組織と管理に関する研究

1　ファヨール（Henri Fayol）

　1841年にトルコのコンスタンチノープルに誕生した。国立サン・チェンヌ鉱山学校を卒業後，フランスで有名なコマントリ・フールシャンボー鉱業会社に入社する。1888年から1918年まで最高経営者を務め，奇跡的再建に成功している。1925年11月19日にパリにて生涯を閉じている。炭鉱の技術的合理化に関心を寄せたファヨールを「経営学の祖」と呼ぶに至ったのは，会社再建の成功体験に基づいた管理の原則に関する研究業績からであった。

ファヨールは，経営管理に関する科学的原理の必要性とその内容，運用のポイントについて言及し，企業全体を秩序正しく総合的に管理することの重要性などを示した。企業という組織体の有している活動目的または職能として，つぎの6項目をあげている。それは，①技術活動（生産，製造，加工からなる），②営業活動（購入，販売，交換からなる），③財務活動（資本の調達と管理からなる），④保全活動（財産と人員の保護からなる），⑤会計活動（財産目録，貸借対照表，原価計算，その他からなる），⑥管理活動（予測，組織，指揮，調整，統制からなる）であり，管理能力は上部管理者には不可欠なものであると提言している。管理活動は他の活動と連動しているため，その重要性を強調している。Plan-Do-Seeというマネジメントサイクルを提唱したのもファヨールである。また，組織を効率的に管理するために階層組織にする必要があり，職務や経験により違いがあるものの，一人で効果的に管理できるのは約10名としている。

2 ウェーバー（Max Weber）

1864年にドイツのエルフルト市に誕生した。ハイデルベルグ大学，ベルリン大学で学び，1886年に司法試験に合格，91年にベルリン大学で法学の講師，94年にはフライブルグ大学経済学教授となる。1897年以降，ハイデルベルグ大学で経済学を担当し，1918年にウィーン大学，19年にはミュンヘン大学に移り，20年に肺炎で急逝している。

官僚制組織については，問題点はあるものの正確に仕事のできる信頼性の高い理想的な組織であるとウェーバーは述べている。そして，上司の命令に部下が従うのは，①教祖や英雄のようなカリスマ的支配，②国王のように世襲による伝統的支配，③法律や規則などによる合法的支配のいずれかの支配によると考えた。また，「目的合理的な精神」などを通して，経営学に与えた影響は大きい。

3 バーリ（A. A. Berle）

1895年1月19日にマサチューセッツ州ボストンに牧師の息子として誕生し，社会改良運動家の父の影響を受けた。14歳でハーバード大学に入学し，歴史学で文学修士となったが，さらに入学したロースクールを21歳で卒業して弁護士となった。現実的視点からの市場構造の分析を多く手がけている経営学者ミーンズ（G. C. Means, 1896年生れ）と1932年に『近代株式会社と私有財産』を著した。1930年代に大統領F.ルーズベルトのブレーン・トラストとなり，その後，国務次官等として活躍したが，第二次大戦後にロースクールに戻り研究に取り組む。1971年2月17日に生涯を閉じている。

バーリは，株式会社が拡大する場合にみられる現象として，「株式分散化」→「所有と支配（経営）の分離」→「経営者支配」へと移行することを指摘した。1930年代に，企業の発行済株式数に占める最大株主の持ち株を基準にして，所有と経営の分離に関する実証研究を行い，44%の企業は経営者支配であることを明らかにした。

4 リッカート（Rensis Likert）

1903年8月5日にワイオミング州に誕生した。1932年にコロンビア大学から博士号（態度測定法，リッカート尺度）を取得し，ニューヨーク大学心理学講師，46年ミシガン大学教授を経て，48年から70年，社会行動研究所（ISR）の初代所長を務めた後退任。アメリカ統計協会会長，アメリカ心理学会理事，国際応用心理学会委員を歴任し，1981年9月2日，生涯を閉じている。

リッカートは，行動科学の確立に大きな貢献を果たした。生産性に影響を与えるものとして，従業員の心理的要因より，集団の管理をする上司のリーダーシップが集団の生産性に大きな影響を与える，つまり，高い生産性を上げる職場は，「従業員中心的リーダーシップ」であることを明らかにした。管理特性はスケールを左端から「システム1：独善専制型」（統制・目標設定・意思決定がトップに集中，コストや成果に対し賞罰を厳しく適用），「システム2：温情専制型」（統制・目標設定・意思決定はトップに集中しながらも，実行は参加型で従業員の意見を多少採用，経済的報酬が中心で，コストや成果には賞罰を適用），「システム3：相談型」（部下の意見も入れ，基本的目標などをトップ主導で決定，部下に一部の権限を委譲），「システム4：集団参加型」（部下の参加と同意の意思決定，コストや成果は自己統制と集団参加型問題解決）組織と命名し，システム1よりシステム4に近づくほど，部下は協力的であることを示している。

5 フィードラー（Fred E. Fiedler）

1922年7月13日にオーストリアのウィーンでユダヤ人の子どもとして誕生した。1938年に渡米し，39年には健康上の理由からフロリダへ移っている。1942年に徴兵されたが45年に除隊して，翌年以降はシカゴ大学大学院で心理学の研究に取り組んでいる。1949年からシカゴ大学助手，講師，51年からイリノイ大学の講師，助教授，教授を経て，69年から93年までワシントン大学の教授を務めている。リーダーシップの研究において多くの功績を残している。

フィードラーは，1960年代に組織研究者などの間で注目を浴びたコンティンジェンシー理論のひとつとして，リーダーシップ測定のためのコンティンジェンシー・モデルの考案者である。リーダーの態度と集団の業績の相関による状況，集団と課題の相関による状況を分類している。リーダーと成員の「人間関係の良さ」，「仕事内容の明確さの程度」，「リーダーの権限の強さ」により，リーダーが成員に影響を与え，統制する状況を捉えようとするものである。仕事中心型リーダーシップが効果的であるのはリーダーが統制しやすい状況か統制しにくい状況であり，従業員中心のリーダーシップが効果的であるのはリーダーが統制しやすい状況でも，統制しにくい状況でもない場合であるとしている。

§4 労働者とモチベーションに関する研究

1 メイヨー (George Elton Mayo)

1880年12月26日にオーストラリアのアデレードで誕生した。アデレード大学で医学を学んだ後，エジンバラ大学に留学したが，医学への興味をなくし，1905年にオーストラリアに帰って，心理学を学ぶため1907年にアデレード大学に再入学した。1911年にクイーンズランド大学の論理学，倫理学，心理学の講師となり，第一次大戦時には，戦闘心理症の精神療法も行っている。また，1926年からハーバード大学大学院経営学研究科に招かれ，1929年から47年までは教授として産業調査研究を行っている。1949年9月1日にイングランドのポレスデン・レーシーで生涯を閉じた。

メイヨーの最初の研究の中心は，産業における人間個人の諸問題であったが，シカゴにあるウェスタン・エレクトリック社で1927年から32年に行ったホーソン実験を契機として，産業における人間関係という社会的問題に発展した。この実験は，労働条件や作業環境が労働者の生産性に与える影響を調査するために，労働環境をさまざまに変化させて行われたが，生産性に影響するのは，そのような環境要因ではなく，作業をする集団の人間関係が重要であることが明らかになった。このことにより，効果的な動機づけは，これまでのような金銭的刺激ではなく，自発的協働も考慮した管理の必要性や人間関係の重要性を見出すことになった。

2 レスリスバーガー (Fritz J. Roethlisberger)

1898年10月29日にニューヨークに誕生した。1921年にコロンビア大学，22年にマサチューセッツ工科大学を卒業し，25年にハーバード大学で修士号を取得した。1927年ハーバード大学大学院経営学研究科の講師となって，30年助教授，38年准教授，46年正教授となり，74年に生涯を閉じた。

レスリスバーガーは，メイヨーとともに，ホーソン実験の調査研究で有名な産業社会学者である。人間の行動は，態度や感情によって決まり，過去の経験や周囲の職場集団の状況によって異なることを示唆した。また，経営組織にはフォーマルグループ以外に自然発生的なインフォーマルグループが存在し，インフォーマルグループが組織に与える影響が大きいことを明らかにした。

3 マグレガー (Douglas McGregor)

1906年9月16日にミシガン州デトロイトに誕生した。マグレガー一族の経営する浮浪者収容施設のマグレガー協会で奉仕活動に従事しながら，1932年にデトロイト市立大学を卒業した。1935年にハーバード大学で心理学の博士号を取得後，同大学の社会心理学の講師を経て，37年マサチューセッツ工科大学で心理学を担当する。1948年から54年ま

でアンチォーク大学総長を務めた後，マサチューセッツ工科大学経営部教授を経て，他大学の教授も務める傍ら企業コンサルタントとして活躍し，1964年10月13日に生涯を閉じた。

マグレガーは，「X・Y理論」の主唱者として有名である。X理論は「欲求階層説」でいう「生理的欲求」や「安全欲求」を強く認識する人間の行動モデルであり，Y理論は「成長欲求」や「自己実現欲求」に着目した人間の行動モデルであるといえる。人間の成長，完成，自己実現の重要性を強調し，「企業は，人間の欲求のなかでも最も人間らしい欲求を理解し，関心をもつ必要がある」と提言した。

4　マズロー（Abraham H. Maslow）

1908年4月1日にニューヨーク市で誕生した。ウィスコンシン大学マディソン校で心理学を学び，1930年に学士，31年に修士，34年に博士の学位を取得している。1935年からコロンビア大学のE. ソーンダイクの研究助手，1937年から51年までブルックリン大学で心理学准教授を務めた。1951年からマサチューセッツ州のブランダイス大学の心理学部長を経て，1969年にはカリフォルニア州のローリン慈善財団の専任研究員に就任した。人間性心理学会を発足したり，アメリカ心理学会会長（1962〜63年）に選出されるなど，多くの功績を残して1970年に生涯を閉じた。

マズローは，「人間には，生理的欲求，安全の欲求，社会的欲求，自尊（承認）の欲求，自己実現の欲求という五つの階層から成る欲求があり，下位の生理的欲求から自己実現までが層を成している」と「欲求階層説」を述べた。これは，下位のものほど人間の生存にとって不可欠なものであり，その欲求が満たされなければ，つぎの上層の欲求は生じないとしている。しかし，人間は常に向上し，完全な人間になろうとするものだとマズローは提言している。

5　ハーズバーグ（Frederick I. Herzberg）

1923年4月18日にマサチューセッツ州の貧しいユダヤ人家庭に誕生した。ニューヨーク市立大学を卒業し，1950年ピッツバーグ大学で心理学博士号を取得した。ピッツバーグ市精神衛生局を経て，1957年からウェスタン・リザーブ大学，72年からユタ大学経営学教授を務め，2000年1月19日に生涯を閉じた。

「動機づけ−衛生理論」（motivations hygiene theory）の提唱者として名高い。労働者の真の動機づけとなる動機づけ要因（内因的な要因：達成感，成功したことへの承認・評価，仕事そのもの，責任，昇進，成長感など）と不満を引き起こす衛生要因（外因的な要因：会社の方針と管理，監督方法，人間関係，給与，労働条件，職務保障など）を基調にした動機づけを体系づけた理論である。

6 ヴルーム (Victor H. Vroom)

　1932年8月9日にカナダ・ケベック州に誕生した。1958年にミシガン大学で心理学博士号を取得し，同大学心理学部で講師をした後，ペンシルヴァニア大学，カーネギーメロン大学を経て，イエール大学の心理学および経営学の教授になる。産業・組織心理学会会長を務める傍ら，企業のコンサルティングも行っている。

　ヴルームが説いた「期待理論」は，魅力の程度である「誘意性」と，能力や努力の程度によって，どの程度の結果が得られるかという主観的な確率における「期待」の概念を用いて，モチベーションを説明している。つまり「モチベーション＝誘意性×期待」で表わし，ある行為をする力は，結果の「誘意性」と結果獲得の「期待」の程度に依存するということである。「誘意性」が強くとも「期待」がゼロであったり，「期待」が大きくとも「誘意性」がゼロであったりすると，モチベーションへの効果は期待できないとしている。さらにこの理論を発展させて，自己の利益の最大化について，ポーター＆ローラーⅢ（L. W. Porter & E. E. Lawler Ⅲ）によって，期待理論に関する研究がさらに進められている。

Let's Challenge !!

Q1 つぎのテイラーの科学的管理法に関する文章のうち，正しいものには○印を，誤っているものには×印を記入しなさい。

① 科学的管理法において，職能別職長制度を採用することにより，管理の効率化を図った。
② 科学的管理は，中央工具室，ストップ・ウォッチに基づく時間研究，計画部，差別出来高給制度，職能別職長制度の五つの基本的要素から構成されていた。
③ 科学的管理法は19世紀末の工場において，職場全体に蔓延していた組織的怠業を解消するために，労働者の標準作業量を明確にすべきであるとするものである。
④ 科学的管理法は，「労働者には高賃金，雇い主には低労働費」を実現しようとするものであった。

①	②	③	④

Q2 つぎの用語に最も関係が深いものを解答群から選び，番号を記入しなさい。

【用　語】　　　　　　　　　　【解答群】
① 期待理論　　　　　（　）　　ア　チャンドラー
② 権限受容説　　　　（　）　　イ　フォード
③ X・Y理論　　　　 （　）　　ウ　ヴルーム
④ ホーソン実験　　　（　）　　エ　バーナード
⑤ 欲求階層説　　　　（　）　　オ　アンゾフ
⑥ ベルトコンベア　　（　）　　カ　メイヨー
⑦ 組織は戦略に従う　（　）　　キ　ポーター
⑧ 市場・製品マトリックス（　）　ク　マグレガー
⑨ コスト・リーダーシップ（　）　ケ　バーリ
⑩ 近代株式会社と私有財産（　）　コ　マズロー

第1章 経営学の変遷　19

経営学関連年表

1600	東インド会社設立（英）
1603	江戸幕府
1616	鎖国（平戸・長崎のみ交易）
1651	航海条例（英）
1770頃	第一次産業革命始まる（英）
1776	独立宣言（米13州）
1853	米使ペリー浦賀来航
1860	桜田門外の変
1861	南北戦争（米）
1868	明治維新
1894	日清戦争勃発
1904	日露戦争勃発
1914	第一次大戦勃発
1939	第二次大戦勃発
1941	太平洋戦争勃発
1945	終戦
1947	六三三四教育体制
1947	労働基準法公布
1952	三白景気
1956	神武景気
1969	いざなぎ景気
1973,79	石油ショック
1985	プラザ合意
	バブル景気

人物の活動期間（1800〜2000年）:

- テイラー：約1856〜1915
- フォード：約1863〜1947
- バーナード：約1886〜1961
- ドラッカー：約1909〜2005
- サイモン：約1916〜2001
- アンソフ：約1918〜2002（没）
- チャンドラー：約1918〜2007
- ミンツバーグ：約1939〜
- ポーター：約1947〜
- ファヨール：約1841〜1925
- ウェーバー：約1864〜1920
- バーリ：約1895〜1971
- リッカート：約1903〜1981
- フィードラー：約1922〜
- メイヨー：約1880〜1949
- レスリスバーガー：約1898〜1974
- マグレガー：約1906〜1964
- マズロー：約1908〜1970
- ハーズバーグ：約1923〜2000（没）
- ヴルーム：約1932〜
- アベグレン：約1926〜2007
- 上野陽一：約1883〜1957

第2章　企業形態と組織のしくみ

§1　産業と企業

1　個人生活と企業経済と経営

　経済社会を構成している主体として，家計，企業，政府が存在している。相互に関係することにより，国の経済が成り立っている。

　家計は，消費活動を営む経済主体としてあげられる。労働力等を提供して得られた所得によって，生活に必要なさまざまな財やサービスを購入し，消費することによって，家計は営まれている。

　企業は適正な利潤を獲得するために生産活動を行う経済主体である。資産や労働力の提供を受け，報酬を支払う一方で，財やサービスを提供して対価を得ている。

　政府は，企業や家計から徴収した税金を運用し，公共サービスを国民に提供している。その公共サービスは，社会福祉のように該当者が限定されるものから，教育や安全の確保のように，国民のすべてが享受できるものまでさまざまである。

2　産業構造の変化

　国民経済を構成する各種産業部門の状態を産業構造という。

　産業構造は，産業を第一次産業（農業，林業，漁業），第二次産業（製造業，建設業，鉱業），第三次産業（電気・ガス・熱供給・水道業，運輸・通信業，卸売・小売・飲食店，金融・保険業，不動産業，サービス業，公務）に分けて表わす。第一次産業や第二次産業は物財を取り扱うが，第三次産業は物の生産以外の経済活動にかかわる産業であり，サービス業といわれる。

　国の産業構造は，経済が発達し，所得水準が上昇するにしたがって，労働力の比率が第一次産業から第二次産業へ，さらに上昇すると第三次産業へと移行する傾向がある（ペティ＝クラークの法則）。経済社会が高度化するにしたがって，サービスや情報などに対する需要が高まるとともに供給量も増大するため，第三次産業は増大することになる。

　第三次産業は，無形性，同時性，消滅性，異質性が大きな特徴としてあげられる。無形

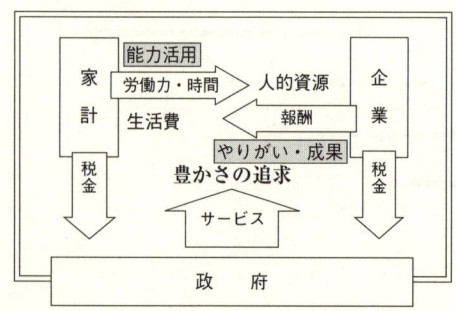

図 1.2.1　個人生活と企業経営の関係

表1.2.1 業種の例

業　種	具体的な営業形態
農林・水産業	農業，林業，漁業
鉱業	鉱業
製造業	精密機械，半導体，コンピュータ，化粧品・トイレタリー，アパレル・衣料品，医薬品・化学，家電，食品，スポーツ・楽器，他
建設業	建設，住宅・設備工事，建材・インテリア
電気・ガス・熱供給・水道業	電力・石油・ガス・水道
運輸・通信業	鉄道・バス，陸運，海運，空運，通信
卸売・小売業・飲食店（流通）	商社，デパート，スーパー，専門店，コンビニエンスストア，ディスカウントストア，小売業，外食産業・ファーストフード，他
金融・保険業	クレジット，保険，銀行，その他金融業
不動産業	不動産仲介・販売
サービス業	教育，コンサルタント，出版，情報・ソフトウエア，放送，旅行・ホテル，代理店
官公庁	官公庁

表1.2.2 職種の例

職　種	具体的な職種
営業	営業（さまざまな商品・サービスの売込み）
製造・制作	生産管理，記者，コピーライター，ゲームプログラマー，他
接客・案内	テラー，旅行カウンター営業，ホテルオペレーションスタッフ，消費生活アドバイザー，キャビンアテンダント，鉄道接客業務，他
プログラマー	技術営業，ネットワークエンジニア，カスタマーサポート，プログラマー，WEBプロデューサー，他
経営企画	経営企画，事業企画，法務
広報・宣伝	広報（プレス・IR），宣伝，販売促進
販売	販売スタッフ，店長，マーチャンダイザー，店舗指導員，他
企画・デザイン	インテリアコーディネーター，パタンナー，ファッションデザイナー，番組制作プロデューサー，イベントプランナー，編集，WEBデザイナー，バイヤー，他
技術開発	生産技術，店舗開発，建設技術，設備，システム開発，他
教育・保育	講師，教師，幼稚園教諭，保育士，インストラクター，他
医療・福祉	栄養士，カウンセラー，ソーシャルワーカー，ホームヘルパー，介護福祉士，ケアマネージャー，エスティシャン，他
技師・技術職	建築設計，施行管理，CADオペレーター，パイロット，通訳，映像技術，他
総務・人事	一般企業の総務・人事，人事コンサルタント，他
経理・財務	一般企業の経理・財務，税理士，公認会計士，他
調査・分析	マーケティング，証券アナリスト，ディーラー，ファイナンシャルプランナー，資産運用コンサルタント，リスク管理，他

性はサービスに物としての特質が見出せないことから用役といわれ，利便性，快適性，安全性，時間短縮などの内容を具体的に示す必要がある。サービスは物として残るのではない。提供された快適さの効果は長時間続く場合もあるが，一般的にはサービスを受けると同時に消滅していく特徴をもっている。さらに，物品を提供するのとは異なり，ひとがひとに提供するサービスは提供するひとの専門性や質・能力によりサービスの程度が変化するという特徴を備えている。そこで，常に一定のサービスを提供するためには日々のトレーニングが欠かせない。

　サービスを提供するときと提供を受けるときは同時に起こることが多いが，インターネットの普及により，同じ時間や空間を共有していなくともサービスを提供したり，受けたりできる範囲は広がっている。

3　業種と職種

　業種とは，産業の種類のことであり，職種とは，職業や職務の種類である。その具体例を示すと表1.2.1，表1.2.2のとおりである。

§2　企業形態

1　企業と経営

　企業は，ヒト・モノ・カネ・情報という経営資源を活用し，社会的役割を担いながら，利潤を追求することを目的に活動している。しかし，企業の形態により目的は若干異なる。企業は，表1.2.3のとおり，私企業，公企業，公私混合企業に分けられる。さらに私企業は，個人企業と共同企業に分けることができ，出資者が少数であるか，多数であるかによって，少数共同企業と多数共同企業に分けられる。公企業と私企業が提携して業務を進める企業形態として，公私混合企業がある。

2　企業の形態

　個人企業でない会社を設立する場合には，会社名，資本金（出資金），出資者，会社の形態を決め，資金の出資者を募集して詳細を決定する。決定後，会社の定款と印鑑を作成するが，定款は会社の憲法ともいえるもので，公証役場の承認を受ける必要がある。資本金は金融機関に預けて保管証明書

表 1.2.3　企業形態の分類

企業形態			
私企業	個人企業	個人商店	
	共同企業	少数共同企業	合名会社，合資会社，有限会社，共同組合など各種組合
		多数共同企業	株式会社
公企業		国営企業，地方公営企業，公団，公庫	
公私混合企業		特殊会社，金庫，営団	

表 1.2.4　企業の形態

	出資者数	資本金（出資金）	出資者の責任	最高意思決定機関	持分の譲渡
株式会社	1名以上	1,000万円	有限	株主総会	自由
有限会社	50名以下	300万円	有限	社員総会	社員総会の承認が必要
合資会社	各1名以上	各出資者1円以上	無限・有限	無限責任社員による社員総会	無限責任社員の承認が必要
合名会社	2名以上	1円以上	無限	全社員による社員総会	全社員の承認が必要
個人企業	1名以上	1円以上	無限	—	

＊現在，「株式会社および有限会社の資本金は1円以上で可」という「中小企業挑戦支援法」が実施されている。

の発行を受け，会社設立登記を登記所に申請する。それら一連の手続きが完了すれば，税務署などの官公庁に設立届けを提出し，銀行に口座を開設すれば新会社のスタートとなる。株式会社の場合は，登記所に書類を申請する前に取締役会を開かなければならない。

企業形態は，出資者の責任等により，表1.2.4のように分けることができる。

(1) 株式会社

株式会社は資本金を一定の金額に分割し，分割した金額を1株として株式という債券に割り振る。各出資者は出資した金額分の株式を所有するが，その売買は株式流通市場で自由に行うことができる。株式会社は，商法の定めによる法人であり，出資者（株主）が組織する有限責任会社である。その機関は，株主総会，取締役会，代表取締役，監査役（監査役会）から成っており，経営状態を利害関係者に告知する義務を負っている。また，有限責任社員だけで構成されているため，社員は出資金を限度として責任を負うことになる。

株式会社は，株式を発行することによって，多くの投資家から資金を集めることができるばかりではなく，株式が自由に売買できることから投資家がリスクを回避しやすい。さらに所有と経営の分離によって，経営は専門家が行うので株式会社は効率的な経営が行われることになる。

(2) 有限会社

有限会社は株式会社と合名会社の長所を採り入れた企業形態であり，設立手続きや会社組織を簡易化して設立できる。商行為などを行う目的で有限会社法によって設立された社団法人であり，株式会社のように経営状態を告知する義務はない。実質的には，商法上の会社組織である合名会社・合資会社・株式会社と同列に置かれるが，特別法（有限会社法）によっている。出資者全員が有限責任社員なので，出資額を限度として責任を負えばよい。会社の機関として，最高意思決定機関である社員総会と業務執行権をもつ取締役を置かなければならない。

(3) 合資会社

　出資と経営を行う無限責任社員と，出資のみを行い経営には関与しない有限責任社員で組織される企業形態である。出資と経営が分離していることから会社の業務執行権をもたない有限責任社員は出資額を限度として債務の責任を負うが，無限責任社員は出資額を超えて債務を負う責任を有するとともに，業務執行権と代表権をもっている。

(4) 合名会社

　社員が定款を作成することで成立し，社員全員が投資し，会社の代表権と業務執行権をもつ。会社の債務について，連帯して無限責任を負う会社形態である。所有と経営が一致しており，社員は家族や親しい人の少人数で構成されることが多く，多額の資金調達には限界がある。

(5) 協同組合

　消費者，農業従事者，中小企業者などが，各自の生活または事業の改善のために組織する団体である。消費者組合と生産者組合に大別され，代表的なものとして，消費生活協同組合，農業協同組合，事業協同組合などがある。

(6) 個人企業

　古くからある，個人で資金を出して経営する企業形態である。経営者個人の判断において迅速に意思決定し，実行できるが，個人であるため資金や信用に限界がある。また，個人の能力や寿命にも限りがあるだけでなく，出資額を超えた無限の責任を負わなければならない。

3　株式会社のしくみ

(1) 株式会社の起源

　1600年頃，イギリスの植民地であったインドから紅茶や香辛料などを運ぶための費用を富豪から集めていたことが投資の起こりである。頭初，一回の航海ごとに資金を調達し，航海から戻るごとに精算していたが，煩雑であるため，集めた資金はそのまま資本金として蓄積しておき，儲かった利益のみを投資した富豪に配当することにした。これが株式会社のはじまりといわれ，このとき設立された会社が東インド会社である。会社が倒産すると投資した資本金はなくなるので，会社は永遠に続くものであるというゴーイングコンサーンという考え方を会社経営や経理において大前提にするに至った。

　日本において，株式会社を設立するためには，一定額以上の資本金が必要となる。この資本金は，投資家（株主）が企業に出資することによって集められ，将来が有望な会社には多くの資本金が集まることになり，株式の価値は上昇する。特に株式を公開すると，企業の信頼や知名度が高くなり，経営資源を調達しやすくなるが，不特定多数の利益目的の株主も増え，経営者の経営責任が常に問われることになる。

(2) 株式会社のしくみ

　株式会社は，企業に投資をしている株主のものであるが，日々の経営は経営の専門家が行う。企業の経営に関する意思決定は，業務執行機関である取締役会が行い，取締役で構成されている。取締役は，株式会社の最高意思決定機関である株主総会が選任し，企業の経営を株主から委任され，代表取締役は，取締役会において選任し，株主総会で承認される。選ばれた取締役が日々の経営を行うが，商法において取締役の業務執行および株主の資産の運用状況などについてチェックする監査役を設けるように定めている。

　株式会社のしくみは国権の三権分立のようにみたてられる。これは，最高の意思決定機関である株主総会を国会，業務執行機関である取締役会を内閣，監査機関である監査役を裁判所としての役割をもたせて，株主総会の意向にそった業務執行が取締役会で行われているか，監査役がチェックする機能をもつことを示している。

(3) コーポレートガバナンス

　個人や親族が出資して会社を興し，親族で経営している企業では，経営者が株主を兼ねているので，企業は経営者のものといえる。しかし，企業が株式を公開し，広く投資家から資本を集めて不特定多数の株主の投資によっている場合には，会社は出資している株主のものである。

　会社を設立する場合，最初に会社を興した人が多額の資本を投資したオーナー経営者（社長）として実績を出していても，いずれ交代すべき時期が来る。交代するときに親族が社長になる場合と，経営能力に優れている人を社長にする場合があるが，現在のように企業間競争が激しい時代において，専門経営者を代表取締役社長にすることが一般的になっている。

　本来，株式会社は株主のものであるが，日々の経営は企業内の経営者が行っているため，企業経営の内情が，企業にとっての利害関係者である株主（ステークホルダー）などにはわかりにくい。そこで，株主や従業員，取引銀行などにもわかりやすい情報公開が求められている。グローバル化に伴って，商法の改正も行われ，企業の社会性がますます問われることとなる。

§3　経営組織の構造

1　経営の階層組織

(1) 経営組織の垂直的分化

　企業規模が大きくなり，従業員が増加すると，その従業員を管理する人も多く必要となる。まず，業務が実際に行われる現場の従業員に指示を出す現場監督が必要となり，現場監督が経営者から指示を受けて製造を行っていた。しかし，企業規模がさらに大きくなると経営環境が複雑になり，実務者に指示を出す監督者を管理し，経営者をサポートする中

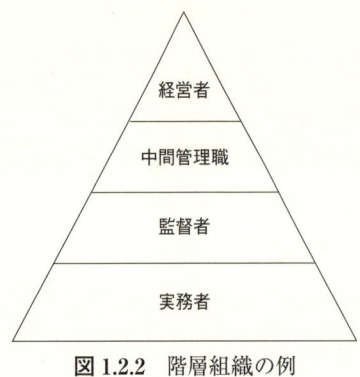

図 1.2.2 階層組織の例

間管理職が必要となった。職種や経験，職場環境によって異なるが，一人の管理者が管理できるのは約10名といわる。

① 経営者（Top-management）

経営者は株主から経営を委託されているので，経営に関する責任を遂行しなければならない。そのために経営資源を有効に活用し，利益目標を達成するための新しい事業の開拓や撤退，人員の調整などの経営戦略を示し，意思決定を行う。意思決定の範囲は立場によって異なり，決定事項の内容によって決裁権限が決まっている。日本企業のボトムアップ型は合議を図るために時間がかかり，オーナー社長のワンマン経営や欧米企業のトップダウン型は速やかに意思決定される。

欧米企業では最高経営役員（CEO：Chief Executive Officer）に次ぐ立場である最高執行役員（COO：Chief Operating Officer）が第一線で経営の指揮をとるが，日本企業では代表取締役社長が経営者のトップとして経営の指揮をとる。取締役社長を補佐し，会社の中枢業務を担当するのが専務であり，会社の通常業務の責任者が常務である。

② 中間管理職（Middle-management）

部門を管理する部長，課長クラスの責任者が中間管理職である。経営者の示した経営戦略を具体的な戦術として監督者に指示する。また，ボトムアップされてくる提案などをとりまとめ，権限の範囲で決裁するとともに，経営者の決裁を得るべきものは効果を明確にして経営者に判断を委ねる。

③ 監督者（Lower-management）

経営戦略を展開するための具体的な戦術のいくつかを効率よく実行するため，実務者に職務の遂行について指示・助言し，職務遂行を監督・評価するのが，係長，主任クラスの責任者である。

④ 実務者（Operator）

上司から与えられたり，自ら選んだ職務を正確に遂行する。よりよい成果を出し，目標達成のために課題は事前に取り組み，発生した問題は上司に相談し，指示を得ながら解決する必要がある。

(2) 経営組織の水平的分化

企業規模が大きくなることによって，それぞれの業務は専門特化する。たとえば，商品の企画を創る企画担当部署，原材料や商品を仕入れる購買担当部署，製品を造る製造担当部署，製品を販売する営業担当部署などである。さらに，企業の成長に伴って，企業の庶務的職務や従業員の福利厚生，能力開発の支援などの業務が多様化し，さまざまな職能ごとに企業内の職務は分業され，より専門的で高度な職務遂行が必要となる。

2 組織の種類

(1) ライン・アンド・スタッフ組織

企業の業務として，基本的な職能である購買・製造・営業が経営活動の中心となる。これらの基幹業務の遂行によって利益が計上される。この機能をライン機能といい，このラインにあたる部門をライン部門という。

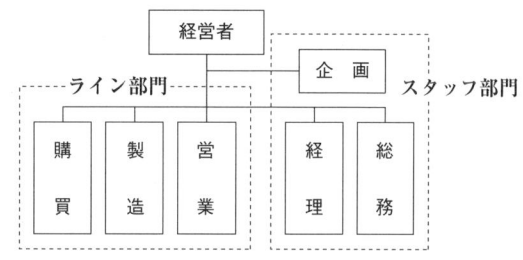

図 1.2.3 ライン・アンド・スタッフ組織の例

企業の規模が拡大すると経営管理は複雑になることから，さらに職能は分化され，ラインを補佐する機能をもつスタッフ部門が設けられる。このスタッフ部門にあたるのが，製品企画の助言を行う専門職としての企画，計数の専門職としての経理や従業員の福利厚生等のサービスを提供する専門職としての総務などである。このライン部門とスタッフ部門をもつ組織をライン・アンド・スタッフ組織という。

(2) ファンクショナル組織

ファンクショナル組織では，職能上の専門的知識を有する複数の上司から命令を受ける。複数の上司から指示を受けることによって，命令系統の一貫性が保ちにくく，責任の所在が不明になりやすいため，組織内の秩序が混乱しやすい。

(3) 事業部制組織

事業単位ごとに職能別組織を形成するのが事業部制組織である。職能別組織を製品別や地域別に分化し，独立採算制を基本としている。本社の最高責任経営者の統制のもとに各事業部は経営活動を行うが，事業部長に多くの権限が委譲されるため，迅速な意思決定や行動が可能になる。各事業部がプロフィットセンターとしての責任を負い，事業部単位がまるでひとつの会社のように運営できるので，経営者の養成に向いている組織である。

(4) カンパニー制組織

カンパニー制とは，法的な独立をさせずに企業の内部組織である事業部制の独立採算を

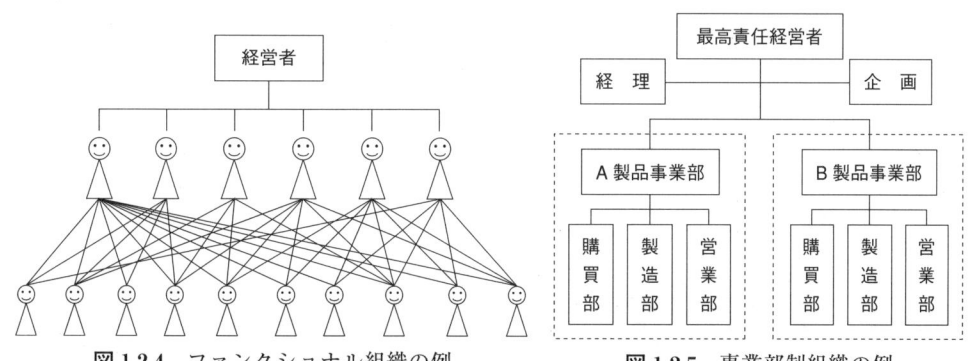

図 1.2.4 ファンクショナル組織の例　　図 1.2.5 事業部制組織の例

さらに強くしたものである。税引後利益を計算して報告しなければならないことから，事業部制では必要としなかったバランスシートを作成する。

§4 ゴーイングコンサーン

1 企業の基本概念

(1) 経営の目的

企業は，いくつかの目標を掲げ，それを達成するために日々活動をしている。企業の姿勢や目標の基本的な概念にしたがって，企業は目標を達成するために，経営計画を立て，経営戦略を考え，予算を計上し，経営資源を効果的に活用しながら，企業が継続・発展するために必要となる利益を獲得しなければならない。利益の獲得のために，企業は売上を計上し，市場や経営の規模を拡大し，安定した経営を行う。しかし，企業倫理に反して暴利を得たり，不正をして利益を追求するのは問題である。

(2) 経営理念

経営理念とは，社是・社訓・信条・方針などといわれるものである。企業経営における目標，社会に果たすべき使命，さらには目標を達成するための具体的な方法，価値観・精神・信念・行動基準や企業の理想像や将来のビジョンを示し，ある意味において，創業者の基本的考え方が示されている。環境の変化が激しい現代社会において，企業の基本的姿勢を変更する必要が生じることも考えられるが，経営理念は長期的・永続的に掲げられるのが一般的である。また，社会貢献を掲げている経営理念は社員の求心性を高めるだけでなく，社会的信頼も得やすいといえる。

社員の心理的よりどころとして浸透させるために，社是・社訓をなるべく見やすい位置に掲げたり，朝礼で読み上げたりする企業は多い。

2 企業の明暗を分ける要素

(1) 経営資源

普遍的に必要だとされている経営資源は，「ヒト，モノ，カネ，情報」である。これは，労働力である人的資源，土地・建物や設備などの物的資源，企業経営のための資金，および，企業に蓄積されたノウハウ・技術などの情報資源のことである。企業の外部環境に有効な戦略を実施し，成果を出すためには，これらの経営資源を効果的に活用する必要がある。

(2) 経営戦略

企業目標の基礎として経営理念は位置づけられるが，それを実現するために経営戦略が策定される。経営戦略とは，変動する社会環境のなかで，企業が維持・存続していくための基本的な行動案となるものである。そのときの経営環境を見極め，企業の持ちうる経営

資源を有効に活用し，大きな成果が獲得できるように計画する。

　企業は戦略を展開して確実に成果を出すために事業計画を立てる。さらに全社的な方向性を打ち出す長期計画を設定し，それを実現するために，3年先までを計画する中期計画を明らかにし，その計画を確実な成果にするために1年間の短期計画を設定する。

(3) 企業の社会的洗礼

① 成長する企業

　企業が維持・存続するためには，利益が計上できなければならない。そのためには，ブランド力のある人気商品を継続的に開発，宣伝し，口コミで広がり，マスコミに取り上げられ，消費者に受け入れられる必要がある。どんなに優れた製品を開発し，販売実績を出しても，必ず競合他社の参入により過当競争となるため，更なる新しい利便性を製品・サービスにして市場に提供しなければならない。これを補強するために，ITを活用したビジネスモデル（儲けるしくみ）を考案し，新しいビジネス方式を知的財産として確立できれば，競争で優位になることは確実である。

② 消滅する企業

　不況が続くと，経営が困難となり業績不振に陥る企業は少なくない。売上があり，利益が計上されていても，運用できる資金が間に合わない場合がある。銀行取引停止処分になって，事実上，企業が倒産すると，経営が破綻したとして法的整理，私的整理，自然消滅をすることになる。法的整理も私的整理も再建型と清算型に分かれる。法的整理の再建型は会社更生，民事更生，会社整理に分かれ，清算型は破産，特別清算に分かれる。企業が利益を計上できないということは，企業の社会的な存在意義がなくなったことを意味する。

Let's Challenge !!

Q1　株式会社と有限会社に関するつぎの文章の（　）内に，解答群から適切な用語を選んで記号を記入しなさい。

　株式会社と有限会社では，社員の特徴は性質上問題にならない。社員は会社に対して出資額を限度とする（①　）責任を負うだけであるから，会社の財産的基礎となるものは会社の財産しかないといえる。そこで，株式会社と有限会社をあわせて（②　）という。

　このうち有限会社は，株式会社に比べ，中小規模の企業に適するように出資社員の数を（③　）人以下に制限し，会社の地位を外部の者に譲渡するときには（④　）の承認を要する。

【解答群】

ア　10　　イ　30　　ウ　50　　エ　70　　オ　取締役会
カ　社員総会　　キ　株主総会　　ク　間接有限　　ケ　直接無限　　コ　人的会社
サ　物的会社　　シ　合名会社　　ス　連帯

第3章 経 営 戦 略

§1 経営戦略の体系

1 経営戦略とは

(1) 経営戦略論が生まれた背景

経営戦略論は，1960年代のアメリカに生まれ，1970年代以降急速に発展してきた。こうした比較的最近の時期において，この学問分野が発展してきたのは，その時期が，企業の環境が急速に，かつ予測不可能な状態で変化しはじめた時期であったからである。

企業は，変化する環境に適応するために，一定の「適応ルール」をもつ必要があった。それが経営戦略である。企業は，適切な経営戦略をもつことにより，急速に変化する環境にフレキシブルに適応したり，場合によっては積極的に環境に働きかけ，それを部分的にせよマネジメントすることも可能となったのである。

(2) 経営戦略の定義

このように，経営戦略とは，"環境変化に対応し，長期的な企業成長を実現するための経営資源配分に関する適応ルール"である。

また，経営戦略は環境変化に対応した未来への挑戦であるが，他方で失敗すればリスキーな意思決定を伴うことになる。その意味で"経営戦略とは企業の長期的成長のための経営資源配分に関する経営者の固有の意思決定"であるともいえる。

2 経営戦略の体系

企業が経営戦略にしたがって環境に適応していくという場合，主要な経営戦略は三つの戦略体系に大別される。

(1) 成長戦略

企業の市場環境の成熟化に伴い，自社企業の生存領域を決定し，「わが社の事業はなにか」を決定する必要にせまられる。それが，いわゆる"リストラクチャリング"（再構築）と呼ばれる企業行動である。"リストラ"は自社企業の既存事業の見直しや組み換えの問題であるから，必然的に新規事業の開発課題も包含される。

```
                ┌─ 成長戦略（全社戦略）corporate strategy
経営戦略 ───────┼─ 競争戦略（事業戦略）business strategy
                └─ 機能戦略（職能戦略）functional strategy
```

図1.3.1 経営戦略の体系

したがって,「成長戦略」とは自社企業を長期的にどんな事業分野に成長させるかを決定することであるといえる。

(2) 競争戦略

つぎに,成長戦略で決定されたそれぞれの事業分野で,自社事業部門が他社事業部門に対してどのような競争のしかたを選択するかの戦略が必要になる。

この問題の解決には,以下の諸要因の総合的考慮が必要である。

① 市場の成熟度の程度
② 市場の顧客特性
③ 他社の競争戦略
④ 自社部門の相対的な独自能力（＝強み）

したがって,「競争戦略」とは自社事業部門が他社に対してどのような競争上の優位性を獲得し,維持できるかの問題を解決することであるといえる。

(3) 機能戦略

機能戦略は,財務戦略,人事戦略,生産戦略,研究開発（R&D）戦略など企業の職能に関連した戦略である。日本企業の最も優れた戦略は生産技術戦略であり,その生産技術力の高さをベースにした戦略が国際的優位性をつくってきたといわれている。ただ,この機能戦略は独立して行われるものでなく,成長戦略,競争戦略に付随し,その関連戦略として行われるものである。

§2 事業の構造化戦略：成長戦略 (1)

企業の成長戦略は,急速に変化する環境に対して自社企業の成長方向をどう決定するのか,言い換えれば,自社企業の事業構造をどう再構築していくのか,という問題である。したがって,企業の成長戦略とは「事業の構造化戦略」とも呼ばれる。

事業の構造化戦略は下記に示すとおり三つ選択肢から成り立っている。

```
                      ┌─ 企業ドメインの選択
事業の構造化戦略 ─────┼─ 事業ポートフォリオの選択
                      └─ 資源配分の方法の選択
```

1 企業ドメインの選択

ドメイン（domain）とは"領域"の意であり,企業ドメインとは企業の活動領域,ないし生存領域のことである。

企業の存続と成長はその企業の究極の目標であるが,それを脅かす要因が二つある。

一つは,その事業にとっての市場における競争である。この場合には市場での競争のしかたを変更することによって,対処可能である。それは競争戦略の選択の問題である。

新日本製鉄	鉄鋼業	→ 総合素材産業	鉄鋼以外の新素材や半導体産業等成長分野へ事業拡大
NEC	情報通信	→ C&C （コンピュータ&コミュニケーション）	情報化時代に対処，融合化
富士写真フィルム	写真関連機器	→ I&I （イメージ&インフォメーション）	「情報の記録」，コンピュータメモリー機器も包含
花王	石鹸事業	→ 洗浄奉仕 （清潔な国民は栄える）	化粧品，浴用材，生理用品等，応用化学分野の幅拡大
サントリー	ウイスキー事業	→ 生活文化企業	酒のある楽しさをつくる。サントリーホールもその一つ。

図1.3.2　日本主要企業の企業ドメインの変化

　もう一つ要因は，事業そのものの成熟化である。これは構造的変化であるから，事業そのもの見直しや，組み替えといった"リストラクチャリング"の視点が必要になる。その場合，企業ドメインの再選択，ないし再定義が必要になる。事業の構造化戦略の第一のステップは事業の活動領域，生存領域を定めることである。

　ドメインが議論されるようになったのは，今日の日本の産業社会のように成熟化時代を迎えて，企業は今後，成長する事業分野に方向転換を図っていかなければならないからである。代表的日本企業の企業ドメインの変化を図1.3.2に示す。

2　事業ポートフォリオの選択

　「事業ポートフォリオ」とは，「事業の束」という意味である。事業ポートフォリオの選択とは，すでに選択された企業ドメインのなかで，具体的な個々の事業を「群」として選択していくことを意味している。選択の基準は，個別事業の選択基準と全体パターンの選択に区分される。それぞれの選択基準は以下のとおりである。

(1)　**個別事業の選択基準**
① 事業の発展性：業界全体での成長性
② 事業の競争力：既存の経営資源がその事業にどれほど生かせられるか
③ 事業の波及効果：自社企業にどのような波及効果を持つか

(2)　**全体パターンの選択基準**
① 多角化の度合い：活動領域が本業を中心にどれほど広がっているか
② 事業間の関連密度：個別事業間の関連性の度合い
③ 新規事業との距離：既存事業との距離の長さ

3　資源展開の方法

　事業のポートフォリオの選択によって新たに選択された新規事業を含めて，それぞれの事業群の間にどのように資源配分を行うのかが事業の構造化戦略の最後のステップになる。

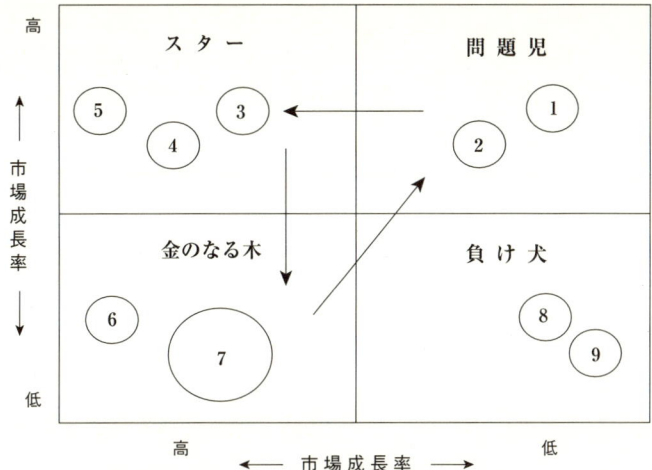

金のなる木：市場占有率が高いので多くの資金流入をもたらすが，成熟分野であるため，多くの投資を要しない。したがって，ここで生み出された資金は他の事業ポートフォリオへの投資の源泉となる。

問 題 児：市場成長率の高い業界にありながら，自社の市場占有率は低いので「問題児」と呼ばれる。しかし，この成長分野に「金のなる木」で生み出された資金を投資して，市場占有率が改善できれば，それが「スター」になる可能性がある。

ス タ ー：市場占有率も高いが市場成長率も高いので，スターが生み出した資金は，再び自己のために再投資される。しかし，市場の成熟化に伴って市場成長率は低下していき，スターもいずれは金のなる木へと変化していく。

負 け 犬：この事業ポートフォリオは整理淘汰される可能性が高い。

図1.3.3 資源配分のPPMモデル

こうした資源配分の手法としては，ボストン・コンサルティング・グループによって開発された「プロダクト・ポートフォリオ・マネジメント」（＝PPM）が有名である。

PPM手法とは，以下のとおりである。

① 各製品を市場成長率と市場占有率（マーケットシェア）の二次元平面上に位置づける
② そのようにして位置づけられた製品ポートフォリオ間の資源配分（＝資金の配分）の方法を決定する

§3 事業の多角化戦略：成長戦略 (2)

1 アンゾフの製品市場戦略

企業の使命は製品を作り，市場の要求に応えることが基本である。どのような製品をどこの市場に売るかが基本的命題でもある。そして，それを現在だけでなく，将来的な展望にたって，企業の成長を構築することこそが経営戦略の基本である。

市場＼製品	現在	新規
現在	① 市場浸透	③ 製品開発
新規	② 市場開発	④ 多角化

図 1.3.4　製品市場マトリックス

H.I.アンゾフは経営戦略の概念を「戦略的意思決定の究極の目的は，企業のために製品と市場とのコンビネーションを選択することである」と定義づけている。この考え方は，図1.3.4で説明することができる。

① 市場浸透戦略

現在の製品・市場の組合せによって生ずる成長戦略である。製品の導入期から成長期にかけては市場は拡大するが，やがて成熟期になるとより市場に浸透・深耕し，売上高や占有率の拡大を図っていく成長戦略である。

② 市場開発戦略

現在の製品と新しい市場の組合せによって生ずる成長戦略である。国内市場の成熟化に伴い，海外市場開拓により，市場地域を拡大していく戦略が代表的な例である。

③ 製品開発戦略

現在の市場に新製品の開発・新機種を加えることによって，市場占有率の拡大を図ろうとする戦略である。消費者が同じであっても，新製品を投入することにより，新たな需要を掘り起こすのである。ここでの中心戦略は研究開発が大きな課題となる。

④ 多角化戦略

前の三者は製品や市場においても現在のものに手を加え，開発する戦略であるが，多角化戦略は市場も製品もまったく新しい分野への参入である。

自社企業を長期的にどのような事業分野に成長させるのかという戦略において，④の多角化戦略こそが本来的に成長戦略として重要である。その意味において，成長戦略とは多角化ないし新規事業開発の戦略であるともいえる。

多角化には現在の製品市場に関連した「関連多角化」と，現在のそれらとはまったく関連のない分野に進出する「非関連型多角化」がある。

2　関連型多角化

企業が新規事業分野に多角化していく場合には，既存の経営資源との間のなんらかの関連性に着目し，そうした関連性をコスト削減やリスク削減の視点から利用しながら多角化を進めていく場合が多い。

たとえば，高級カメラメーカーであったキヤノンが複写機や光学機器の分野へ多角化していったのは，本業の写真技術やレンズ設計技術などの技術的関連性を利用したものである。

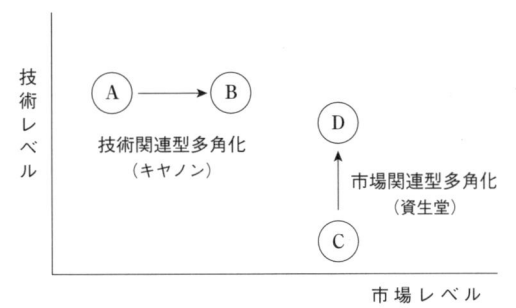

```
         技
         術   Ⓐ ──→ Ⓑ
         レ                Ⓓ
         ベ   技術関連型多角化
         ル   （キヤノン）
                            市場関連型多角化
                            （資生堂）
                       ↑
                       Ⓒ

                            市 場 レ ベ ル
```

図1.3.5　シナジーと関連型多角化

あるいは，化粧品メーカーである資生堂が婦人下着事業や新美容室事業へと多角化するのは，流通チャネル上の市場関連性を利用して，コストやリスクの削減をはかっているのである。

こうした多角化は「関連型多角化」と呼ばれる。そして共通の経営資源を多元的に利用することから得られるコスト削減やリスク削減上の相乗的効果を「シナジー」という。上述したキヤノンの場合は，「技術シナジー」を利用した関連型多角化であり，資生堂の場合は「市場シナジー」を利用した関連型多角化であるといえる。

関連型多角化の特徴は，以下のとおりである。

① 成長のドメインを前もって計画的に定義することは少なく，むしろ企業の技術軸または市場軸に沿ったシナジーを柔軟に利用しながらアメーバー的な多角化を展開していく企業行動をとる例が多い。

　　接着剤で世界的に有名な3M社，セラミック基盤技術をベースとした事業展開をはかる村田製作所などがその典型であるといえる。

② その反面，現在の経営資源から遠く離れた，異質の経営資源の蓄積をもたらすことは少ないという点をあげることができる。

3　非関連型多角化

技術上も市場上もなんのシナジーもない異質分野への多角化を「非関連型多角化」という。

こうした企業行動をとるのは，本業が成熟化し，そうした成熟化事業からの脱却をめざして，事業構造の転換をはかる必要に迫られている場合である。それは一般に「リストラクチャリング」と呼ばれ，成熟化した本業からの脱却のためには，本業から相当程度離れた事業への転換を目指さなければならない。

新日鉄がエレクトロニクス事業へ参加したり，日本鋼管が新素材や都市開発事業に進出したのはこうした非関連型多角化の例である。

非関連型多角化の特徴は，以下のとおりである。

① なんらかの外部資源の利用が不可欠であり，その獲得のためには技術提携，合弁，

36　第1部　経営学概論編

GE社の戦略ビジョン：スリー・サークル・コンセプト

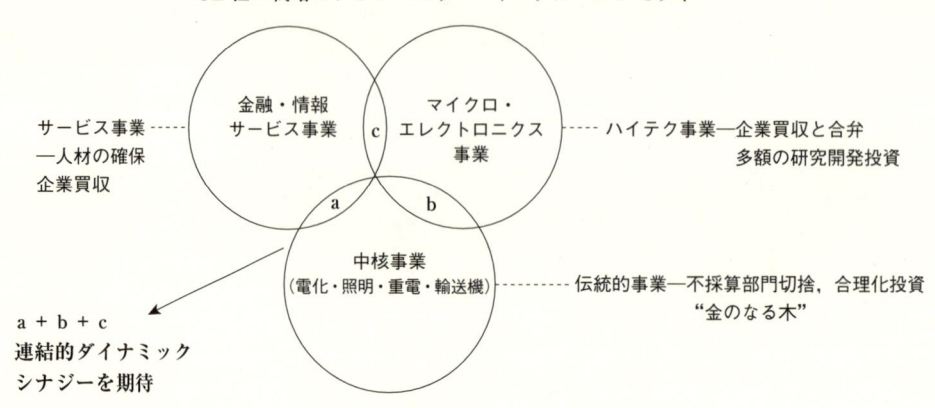

サービス事業……
―人材の確保
企業買収

金融・情報サービス事業

マイクロ・エレクトロニクス事業

………ハイテク事業―企業買収と合弁
多額の研究開発投資

中核事業
（電化・照明・重電・輸送機）

………伝統的事業―不採算部門切捨，合理化投資
"金のなる木"

a＋b＋c
連結的ダイナミック
シナジーを期待

IBM社の戦略ビジョン：C＆C

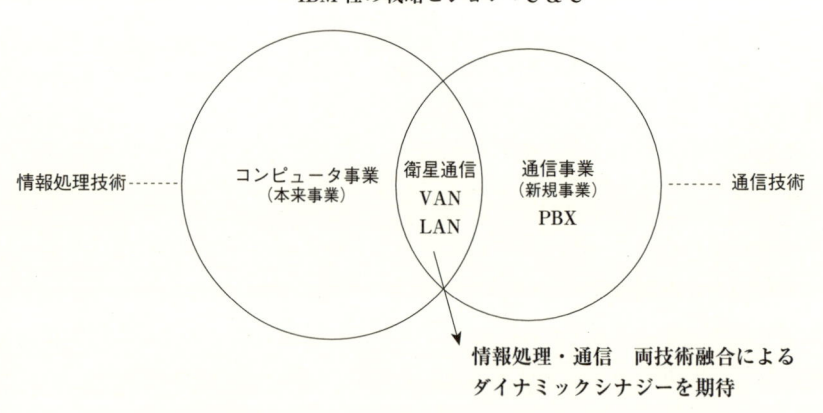

情報処理技術………

コンピュータ事業
（本来事業）

衛星通信
VAN
LAN

通信事業
（新規事業）
PBX

………通信技術

情報処理・通信　両技術融合による
ダイナミックシナジーを期待

ソニーの戦略ビジョン：デジタル・ブロードバンド・ネットワーク

ゲーム機器
（プレイステーション2）

ソフト事業
（音楽・映画）

保険・サービス事業

AV事業
（中核事業）

デジタル・ブロードバンド・
ネットワーク（広帯域化）構想

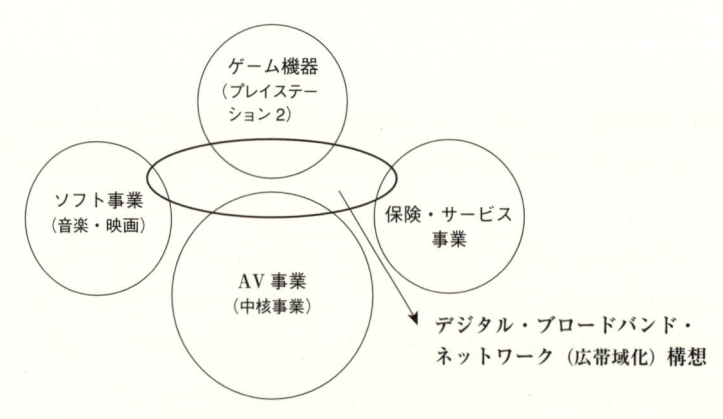

図1.3.6　代表的大企業の戦略ビジョン

M&A 等の方法が採用される。
② そうした多角化により，既存のものに加えて異質の経営資源の蓄積が新たに可能になる。
③ そして，最も重要な特徴は，それが展開される際には，前もって全社的な戦略的事業マップ，ないしは戦略ビジョンが準備されている点である。

4 企業の戦略ビジョン

企業が新規事業分野に進出しようとした場合，自社企業にとって将来できるだけ多くの技術シナジーや市場シナジーをもたらす事業分野であることが望ましい。

そういった企業が現に保有している資源ではなく，新規事業開発によって獲得する将来的な経営資源から出てくるシナジーを「ダイナミックシナジー」と呼び，一方，企業が現に保有している経営資源から出てくるシナジーを「スタティックシナジー」と呼ぶ。

図 1.3.6 にて，世界的に有名な企業（GE，IBM，ソニー）三社の戦略ビジョンの具体例を示すが，いずれも将来の大きなダイナミックシナジー効果をねらった戦略マップを描いているかがわかる。

§4 成長戦略のための資源獲得

1 成長戦略と経営資源獲得

成長戦略とは，変化する環境のなかで自社企業を長期的にどのような事業分野に成長させるかを決定するルールであり，それは既存事業の見直しや新規事業の開発を内容とするリストラクチャリング問題でもある。

とくに，新規事業開発を可能にする経営資源獲得の方法の選択は新規事業のタイプによって大きく変わってくる。

新規事業開発は，
① 既存事業との間の技術シナジー，または市場シナジーを利用した関連型多角化の新規事業開発。
　この場合，既存の経営資源（＝スタティックシナジー）を主として活用。
② そうした技術シナジーや市場シナジーをいっさい利用しない非関連型多角化としての新規事業開発。
　この場合，外部資源獲得（＝ダイナミックシナジー）が必要。

に大別される。このように，新規事業のタイプごとに新規事業開発のための資源獲得の方法の選択も変わってくる。技術シナジーに関連する新規事業と資源獲得の方法の関連を図 1.3.7 に示す。

38　第1部　経営学概論編

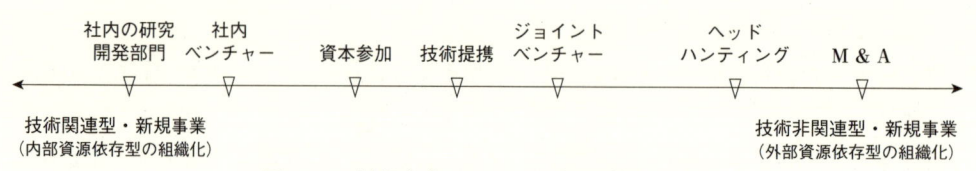

```
社内の研究        社内                          ジョイント        ヘッド
開発部門        ベンチャー    資本参加   技術提携   ベンチャー      ハンティング    M＆A
───▽─────▽──────▽──────▽──────▽──────────▽──────────▽───▶
```

技術関連型・新規事業　　　　　　　　　　　　　　　　　　　技術非関連型・新規事業
（内部資源依存型の組織化）　　　　　　　　　　　　　　　　（外部資源依存型の組織化）

図1.3.7　新規事業のタイプと資源確保の方法

2　新規事業開発のための資源獲得の方法

(1)　社内ベンチャー

社内ベンチャーとは，新規事業創造のために社内にきわめて独立性の高い「社内起業家集団」をつくり，その自主的活動を本社が全面的にバックアップしていく組織。

特徴は，以下のとおりである。

① リーダーは全面的権限があり，自己充足的な組織が編成される
② その事業に関し，開発からマーケテイング活動も担当する
③ 内部の公式手続きも不要であり，開発時間の短縮が可能である
④ グループ成員は強い共有意識を持つ
⑤ ただし，開発された新規事業は既存事業となんらかのシナジーをもった関連型事業という制約がある

(2)　企業間ネットワーキング

企業間ネットワーキングとは，複数の企業がそれぞれの独立性を保有しながら，なんらかの方法で緩やかに連結しあうことをいう。

連結の方法は，以下のとおりである。

① 資本参加：相互に出資した資本により連結される
② 技術提携：相互の技術協力により連結される
③ ジョイントベンチャー（joint venture；合弁）：資本，技術協力，さらには人的ネットワークによっても連結される

企業間ネットワークの目的は，企業が非関連の異質事業を開発しようとする際に，自社内部にはない外部資源（技術や市場のノウハウ）を自社内に取り込むことにある。したがって，企業間ネットワークの相手方となる企業は，自社とは異業種の企業である場合が多い。

(3)　ヘッドハンティング

ヘッドハンティング（headhunting）とは，ある人が保有している技術ノウハウや市場ノウハウを獲得する目的で，その人自身を引き抜くことである。

外部資源をそれの保有者である人材ごと自社内に取り込もうとする企業行動であり，手法はドラスティックであるが，きわめて実際的方法でありアメリカでは日常的である。

社内ベンチャーによって非関連の異質事業が開発された場合でも，よく検討してみると

こうしたヘッドハンティングの方法が併用されていることが少なくない。

(4) M&A（企業買収）

M&A (merger and acquisition) とは企業買収のことであるが，戦略的M＆Aはターゲットとなっている企業の技術ノウハウや市場ノウハウだけでなく，工場や生産設備，営業所，従業員，さらに顧客まで含めて，いっさい買収してしまうのである。

その意味で，"異業種M&A"は新規事業開発の資源獲得の方法としてはもっともドラスティックなものであり，買収された企業は買収した企業にとって，企業の将来の事業展開の重要な戦略拠点としての地位を占めることになる。たとえば，先に述べたGEの戦略ビジョン（図1.3.6）はその典型である。

最近，国内で話題になる"同業種M&A"はグローバル競争力を高めるための「規模の経済」ないし「相互補完」をねらったものであり，生き残りをかけたリストラクチャリングの一環である。したがって，新規事業開発の組織化としてのM&Aはあくまで"異業種M&A"をさすのである。

§5 競争戦略

1 事業と競争

成長戦略で生存領域として事業分野が決定されると，つぎの命題として自社企業が同業他社に対してどのような競争の方法を選択するかの戦略が必要になる。

競争の目的は当該事業の投資収益率をより高めることである。競争戦略は，そのための手段であり，自社企業が同業他社に対してどのような競争上の優位性を獲得し，維持するかの問題でもある。したがって，競争戦略は事業戦略ともいわれる。

(1) 競争者の認知

競争戦略の出発点は真の競争者を認知することであるが，その認知は自社事業をどのように定義するかに応じて相対的に異なってくる。

たとえば，自動二輪車メーカーの例でいえば，事業を「アウトドアーとしてのモーターサイクリングの提供」と定義するか，「交通手段の提供」と定義するかによって競争者が異なってくる。前者の定義のもとでは，同業自動二輪車メーカーのみが競争者と認知していいはずが，後者の定義の場合，加えて四輪車メーカーまでが自社事業の競争者として認

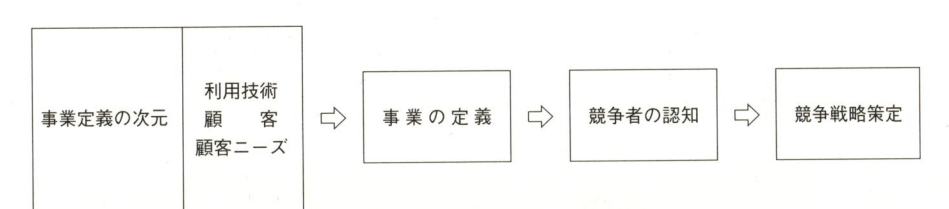

| 事業定義の次元 | 利用技術
顧　客
顧客ニーズ | ⇨ | 事業の定義 | ⇨ | 競争者の認知 | ⇨ | 競争戦略策定 |

図1.3.8　事業の定義と競争者の認知プロセス

知されることになる。

　自社企業のそれぞれの事業を利用する技術，ターゲットとする顧客，そうした顧客のニーズ，の三点から定義できれば，そうした自社事業の領域内にどのような競争者がいるかを認知できるのである。

(2) 競争のドメイン

　真の競争者が認知されたら，つぎはその競争者に対し相対的に優位性を持つことのできる競争戦略を選択する道が開かれる。

　自社企業の経営資源が競争者のそれよりも圧倒的に大きければ，多様な競争戦略を容易に採用できるが，これとは逆に，自社企業の経営資源が競争者のそれより小さい場合でも，それ相応の対処が可能である。その方法の一つとして「競争のドメイン」というコンセプトがある。

　図1.3.9において，競争者は，A，B，Cの三製品群の開発，生産，卸売を行っており，それに対する自社企業は，A製品群に特化しているものの，部品の内製化をも行っている例である。

① 製品市場投入戦略

　全体市場を複数のセグメント市場に細分化して，その細分化したセグメント市場のほとんどすべてに対して製品を投入していく戦略を「フルライン戦略」という。これに対して，単一あるいは少数のセグメント市場に焦点を絞る戦略を「市場特化戦略」という。

　この例では競争者はフルライン戦略の企業に近く，それに対する自社企業はA製品群に特化した市場特化戦略の企業である。

　一般に，製品ラインの広い企業は経営資源が豊富な企業であってはじめて可能となる。とくにカネと情報（市場ノウハウ）についてそうである。あらゆる顧客，顧客ニーズへの対応力が要請され，一般的に市場競争上優位をしめる。

② 垂直機能統合戦略

　垂直機能の統合度とは生産や販売上のプロセスないし機能を，どの程度自社企業内に

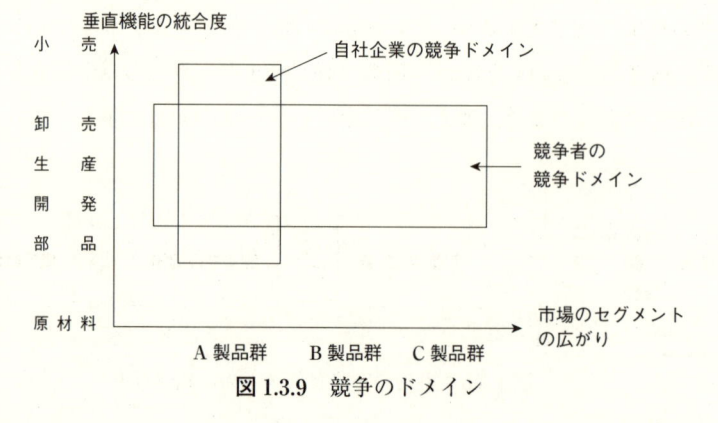

図 1.3.9　競争のドメイン

保有しているかということである。

この例では，競争者よりも自社企業のほうが垂直機能の統合度が高い。垂直機能の統合度が高い企業ほど経営資源の動員力は高く，とくに情報的資源（技術ノウハウ）についてあてはまる。

垂直機能の統合度が高い企業は，生産上，販売上の「コスト優位」を確保しやすいし，製品の機能上の「差別化」も行いやすくなる。この例では自社企業は，競争者に比べて部品を内製化しているので，差別的な独自製品の開発が容易であり，A製品群において競争上優位にたつことが可能である。

要は，競争戦略において優劣とは企業規模の大小ではなく，競争ドメインのコンセプトにおいて，自社企業の相対的な強み（独自能力）を知り，そこに経営資源を重点的に動員できるかによって決まるのである。

経営資源の「選択と集中」こそ今日の企業経営の最重点課題でもある。

2 基本的な競争戦略のタイプ

(1) コスト・リーダーシップ戦略

① コスト・リーダーシップ戦略の本質

この戦略の本質は，どのような競争者よりもより低いコストを実現することによって，持続的な競争優位を得ることである。

競争優位の意味とは，以下のとおりである。

(a) 競争者と同一の価格で製品の販売を行うなら，競争者よりもより大きな利益を実現できること。

(b) また，競争者といっそうのマーケットシェア争奪戦を繰り広げるのであれば，競争者よりもより低い価格設定を行い，より有利な価格競争を展開することができること。

② コスト・リーダーシップ戦略を支えるロジック

(a) 規模の経済の原理：大量生産・大量販売により製品の単位当たり平均コストが低下する。

―例；100個の製品を生産するよりも200個の製品を生産するほうが製品単価は安くなる―

このロジックが成り立つのは，製品の生産にかかわる費用が生産台数に比例する変動費と比例しない固定費から成り立っているためである。

$$\text{一台当たりコスト} = \text{比例費（原材料費…）} + \frac{\text{固定費（建物・設備代，人件費…）}}{\text{生産台数}} \rightarrow \text{生産量拡大すれば製品一台当たりコストは低減する。}$$

図 1.3.10　規模の経済の原理

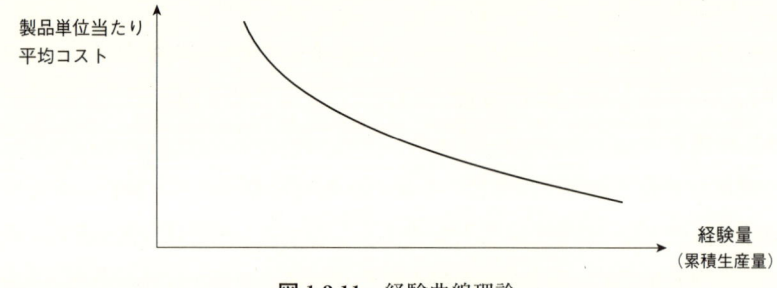

図 1.3.11　経験曲線理論

(b)　経験曲線理論：経験，つまり累積生産数が増加するにつれて，製品の単位当たりの平均コストは逓減していく。

――例；100個目の製品コストよりも200個目の製品コストのほうがより安い――

このロジックはボストン・コンサルティング・グループの実証研究によって発見された。図1.3.11に示すこの現象は，現場経験を蓄積していくにつれて，コストを低減させるための多様な方法で人間は学習していくからである。

③　コスト・リーダーシップ戦略のメカニズム

上記の二つのロジックは相互に異なった理論ではあるが，その組合せによってコスト・リーダーシップ戦略が可能になる。それは図1.3.12のメカニズムによるのである。

ところで，この戦略が有効であるためには，つぎの二つの条件が満たされることが必要である。

(a)　第一の条件は，自社企業がコスト低下を先取りして，競争者よりも低い価格設定を行った場合，競争者が同様な戦略でただちに反撃してこないこと。この場合には，両者とも価格競争の泥沼に陥る危険性がある。

(b)　第二の条件は，その製品がコスト以外のすべての点で差別化されていないこと。もし，この条件が満たされず，たとえば競争者の製品の品質，あるいはデザインのほうがはるかに優秀であり，顧客のニーズもそのレベルを望んでいるのであれば，自社の低価格路線はほとんど効果をあげないであろう。

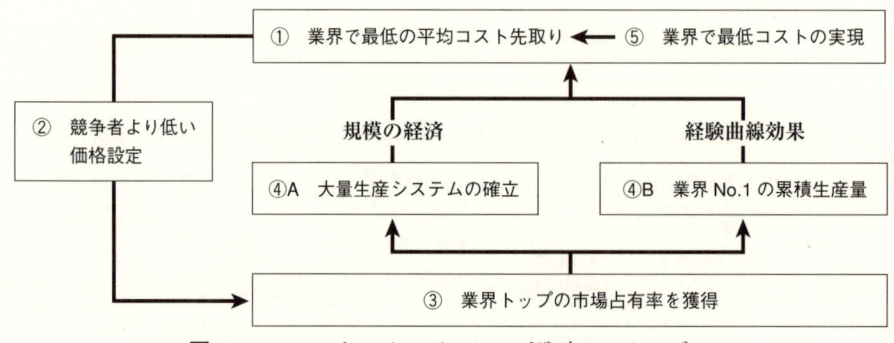

図 1.3.12　コスト・リーダーシップ戦略のメカニズム

(2) 差別化戦略

顧客のニーズが製品の低価格性にだけあるとは限らず，それ以外にも多様なニーズがある場合この戦略が有効である。差別化の次元としては，製品の機能，製品の品質，製品のデザイン，ブランド，アフターサービスなど，多くのものが考えられる。

とくに，現代社会においては，顧客のニーズは画一的ではなく多様であり，企業の側もそうした多様なニーズの少なくともどれか一つに対応できる差別的能力をそれぞれ有するゆえに，業界のなかで複数の企業が並存できるのであるといえる。

業界別の差別化戦略の重点を例示する。

　　産　業　財：品質，納期　　　自　動　車：機能，デザイン，燃費
　　家　　　電：機能，デザイン　　ファッション：ブランド

(3) 市場創造戦略

上記二つの競争戦略は顧客ニーズが顕在化（既知である）している前提がある。しかし，現実には顧客ニーズはむしろ潜在的なものである場合が多い。当の顧客本人でさえ自分のニーズに気づいていない，ということがあり得る。こうした場合に，効果的な戦略は，「市場創造戦略」である。

市場創造戦略には，以下の特色がある。

① 企業の市場創造は，それまでにはなかった新製品や新サービスについて行われる。いいかえれば，"新たな市場の創造"である。

② それは新しい価値や情報の創造であり，その意味で"新しい文化の創造"である。そうした"新しい生活提案"を顧客に提案し，その提案を受け入れてもらうようにする戦略であるともいえる。

③ 新しい提案を顧客に示す場合，広告やキャンペーン，イベントの開催などといった方法で顧客の説得や教育を行おうとすることが多い。

　　例：富士通のパソコン教室　　日本ビクターのビデオ・フェスティバル
　　　　日本楽器のヤマハ・エレクトーン教室

3　市場の発展と競争戦略

これまで述べてきた基本的な競争戦略のタイプは，市場の発展プロセスと対応する関係にある。図1.3.13は，この両者の関係を示したものであるが，その曲線のプロセスはある製品のライフサイクルであるといってもよい。

(1) 誕生期の競争戦略

チャレンジャー型企業の市場創造戦略が目立つ。この戦略の成否の分かれ目になるキー・ポイントは，新製品や新サービスに象徴される新しい価値や情報，すなわち新しい文化を真に創造できているか否かということである。

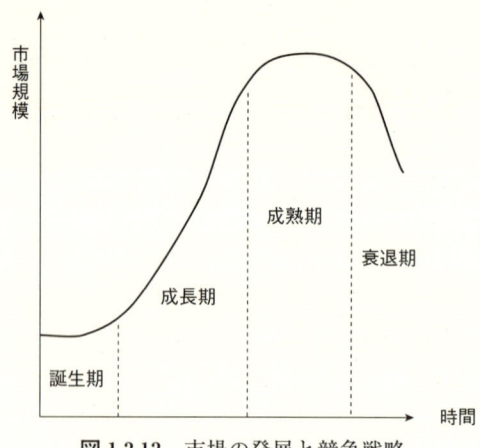

図 1.3.13　市場の発展と競争戦略

(2) 成長期の競争戦略

新しい市場が一定の規模に達すると「二番手企業」と呼ばれる企業が参入してくる。そうした企業は業界の大手メーカーであり，いち早く量産および量販のシステムを構築することによって，コスト・リーダーシップ戦略を展開していく。三番手以降の企業は差別化戦略の選択肢しかない。それを可能にするのは，成長期には顧客ニーズが多様化しているからである。

(3) 成熟期の競争戦略

この時期には製品の普及率が最大になり，市場が成熟化する。それとともに，「技術の深耕可能性」が小さくなる。そうなると差別化戦略はもはや使いにくくなり，二番手企業を主役とする「ガリバー型寡占」になりやすい。

ガリバー以外の企業の選択肢は主につぎの三つである。

① この市場以外の新市場（主として海外市場）の開拓
② この業界から撤退し，別の市場創造に挑戦する。
③ この業界にとどまりながら，「不連続製品」の開発を行い，市場占有率の改善をはかる。ここでいう不連続製品とはニューコンセプトの製品をさす。

　　例：ミノルタカメラα7000　　アサヒビールのスーパー・ドライ

等は一躍マーケットシェアをトップに押しあげた顕著な例である。

(4) 衰退期の競争戦略

「撤退戦略」しかない。

しかし，もし，この時点で新たな事業，新たな市場が開発されていないとなると，企業の存続自体も危うくなるのである。

第3章 経営戦略 45

Let's Challenge !!

Q1 つぎの（ ）に解答群から答えを選び記号で記入しなさい。

　経営戦略とは，（①　）に対応し，企業成長を実現するための（②　）に関する適応ルールである。主要な経営戦略は全社戦略としての（③　），事業戦略としての（④　）そしてこれらに付随した関連戦略（⑤　）に大別される。

　企業が生存・成長するために活動する領域のことを（⑥　）と呼び，その領域で行う事業群の選択のことを（⑦　）の選択という。そして，選択された事業群間の資源配分の手法として（⑧　）が有名である。

【解答群】
ア　PPM　　　イ　機能戦略　　　ウ　ドメイン　　　エ　環境変化　　　オ　成長戦略
カ　競争戦略　　キ　事業のポートフォリオ　　ク　経営資源配分

Q2 つぎの各用語に最も関係の深いものを解答群から選び記号で答えなさい。

① 非関連型多角化　　　（　）　　ア　他の事業群への投資の源泉
② ダイナミックシナジー　（　）　　イ　企業ドメインの見直し
③ スター　　　　　　　（　）　　ウ　3M社の多角化戦略
④ M&A　　　　　　　（　）　　エ　外部資源依存型
⑤ 技術シナジー　　　　（　）　　オ　稼いだ資金は自己への再投資に
⑥ ジョイント・ベンチャー（　）　　カ　資生堂の多角化戦略
⑦ リストラクチャリング　（　）　　キ　戦略ビジョン
⑧ 金のなる木　　　　　（　）　　ク　自己充足的組織
⑨ 市場シナジー　　　　（　）　　ケ　企業買収
⑩ 社内ベンチャー　　　（　）　　コ　企業間ネットワーキング

Q3 つぎの（ ）に解答群から答えを選び記号で記入しなさい。

　競争戦略のあり方は市場の発展によって変化する。市場の誕生期にはベンチャー型企業の（①　）が活躍する。つぎに，市場が一定の規模に達すると（②　）が参入し（③　）を展開する。この戦略は（④　）と（⑤　）二つ理論により支えられ強大である。その場合，三番手企業は（⑥　）を選択する。（⑦　）のコンセプトにおいて自社企業の（⑧　）を知り，そこに（⑨　）を重点的に動員し，徹底した差別化により，十分成長期・成熟期においても競争可能となるのである。この戦略を（⑩　）という。

【解答群】
ア　強み　　イ　垂直機能統合戦略　　ウ　規模の経済　　エ　差別化戦略
オ　経営資源　カ　経験曲線　　　　　キ　競争ドメイン　ク　二番手企業
ケ　市場創造戦略　コ　コスト・リーダーシップ戦略

第4章　人的資源管理

§1　雇用とキャリア形成

1　労働力の調達―採用
(1)　終身雇用を前提としない雇用制度
　経済が右肩上がりで成長していた時代には，企業は拡大することを前提に労働力を調達し，終身雇用を前提として従業員の生涯にわたる生活を保証する傾向にあったが，現在ではそれが難しくなっている。そこで，これまでのような企業主導による従業員管理をするのではなく，従業員の主体性を尊重した働き方を可能にするとともに自己実現の場として企業を活用できるシステムを導入している。

　企業が必要とする労働力を確保する方法には，企業外から労働力を調達する「採用」と企業内から調達する「異動・配置」がある。また，効率の良い経営を行うために，現在は経営環境に応じて労働力を調整したり，雇用調整や退職の管理も必要な時代になっている。人材を採用する場合，従来どおりの年次計画による正規従業員として定期採用も継続しているが，企業間競争が激化している時代において，必要なときに必要とする高度な専門能力を備えた従業員を確保する中途採用も増えている。

(2)　労働力調達の課題
①　労働コストの変動費化
　終身雇用を前提とした場合，いったん雇い入れた従業員の給与は，その従業員が定年退職するまで企業の労働コストとして固定費となる。しかし，雇用したすべての従業員が必ずしも成果を出せるとは限らず，成果を出せない従業員に支払った給与は業績に応じない固定費となる。そこで，成果の出せない従業員を抱え込まず，労働コストを変動費として処理できる人事システムに変更することが急務になっている。

②　求める能力・スキルの変化
　情報技術の普及によって，職務の遂行方法は大きく変化している。普遍的に求められる能力もあるが，オフィス環境の変化とともに求められる能力も変化している。一般的にホワイトカラーに求められるテクニカル・スキル，ヒューマン・スキル，コンセプチュアル・スキルのうち，テクニカル・スキルやコンセプチュアル・スキルは経営環境に大きく依存していることから，適切な人員の配置が必要である。

③　労働力のミスマッチ
　不況が続いていることにより，就職希望者は必ずしも志望する職種や企業でなくても，

内定した企業に入社するケースは多く見られる。また，適性に合った職種に就けたとしても，その職務が企業にとって必要でなくなることもある。企業が必要とする適切な量で質の高い労働力を柔軟に確保できるシステムが求められている。

(3) 雇用形態

企業は経営を維持するために利益を計上しなければならないが，最も大きな経費である人件費の削減は切実な課題である。そこで，正規従業員でなければできない仕事以外は，経費の抑制となる非正規従業員（表1.4.1）を効果的に活用する企業は増加傾向にある。

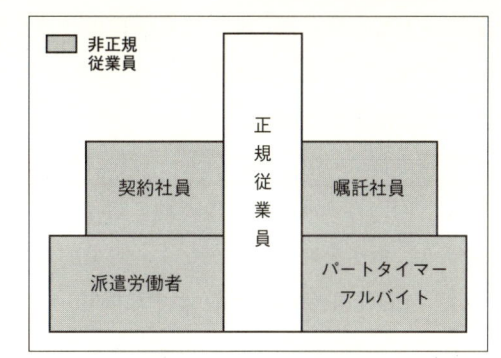

図1.4.1　雇用形態の例

① 正規従業員

定年までの雇用を前提として採用し，能力しだいで昇進・昇格する企業の基幹業務を担う人材を正規従業員という。長期雇用を前提にしており，福利厚生や能力開発の機会が保障されている。

② 非正規従業員

正規従業員だけでは人員が不足したり，専門的知識をもった人員の育成に時間を要す場合には，必要な能力をもつ人材を必要な数の非正規従業員として補充することがある。

(4) 募集・選考・採用

戦力となる従業員を採用するためには，どのような能力を有する人員を募集すればよいか，企業理念による経営計画に基づいて募集する要員の計画を立てる必要がある。その計画に基づき，募集，書類審査，採用試験を経て，健康に問題がなければ，新入社員候補が

表1.4.1　雇用形態とその処遇

契約社員	特定の条件のもと，職種や期間を限定して採用するが，長期的な雇用の保証はない。職種にもよるが1年ごとに契約更新することが多い。
嘱託社員	定年を迎えても能力を発揮できる人が，特定の条件で引き続き勤務するが，契約社員のように中期的な期間を限定していることが多く，給与も正規従業員より低いことが一般的である。
派遣労働者	事務職および高度な専門能力が必要な職種を担当する。企業と派遣会社との契約によって，短期的に派遣される人材である。派遣労働者は派遣会社に登録しており，職務遂行は派遣先で行うが，給与は派遣会社から支給される。
パートタイマー	企業との直接雇用契約となっていても，曜日ごとに時間単位で働くため労働時間が短く，高度な専門技能を特に必要としない職務を担当しているのが一般的である。それに伴って，時間給や福利厚生は正規従業員と同じ保障をされていることは少ない。
アルバイト	一般的に本業が他にあり，そのかたわら副業として臨時的に行う不定期労働者である。

決定される。入社時に本人の希望職種などを明確にして、希望するキャリアが形成できるように配慮する傾向にある。

① 総合職と一般職

職種等によって、総合職と一般職に分けられる。職務内容を限定しないで基幹業務を担当し、国内外の遠隔地への転勤・勤務もあるが、ゼネラリストとしてのキャリアを積む総合職と、転居を伴う転勤がなく、定型的補佐業務を中心に担当する一般職に分けられる。

② 定期採用（新規学卒者）と中途採用

大学・短大・専門学校・高校などを卒業したばかりで、生涯で初めて就職する新入社員のことを新規学卒者の定期採用という。一方、過去に正規従業員として企業に就職した経験をもち、既に職業経験がある人を採用することを中途採用という。新規学卒者は初めての就職となるため、比較する他企業に関する情報がないために企業文化を受け入れやすいが、職業経験もないため、従業員に必要な教育・訓練を基本から指導しなければならない。一方、中途採用の場合は既に正規従業員として働いた経験があるため、基本的な職務に関する教育・訓練は不要であるが、一般的に愛社精神が希薄になりやすい。

2　労働力の調達—異動・配置

従来は、企業の都合や人事部が判断する従業員の能力と適性によって、企業主導の異動や配置が行われていた。しかし、昨今は従業員のモチベーションを高めるため、従業員の自己責任を問うために、従業員が目指すキャリアの形成・開発が可能となる職務に異動、配置する人事システムを導入する企業は増加する傾向にある。

(1) 異動と配置

社内における労働力の調達には、表1.4.2のような異動が伴う。日本企業において、従来、担当する職務の内容が曖昧であったこともあり、異動は従業員の意思とは関係なく、人事部などで判断して決定することが多かった。しかし、近年は職務記述書などを作成し、従業員の希望も考慮した適材適所による配置を実施する傾向にある。

(2) 専門職制度

初期の専門職制度は、企業内のポスト不足への対応策として、管理職に就けない従業員を処遇する制度として設けられた。しかし、現在ではゼネラリストとして企業全体の経営にかかわる職務だけを"出世"というのではないこともあり、企業内でのある特定の分野に関する高度な能力を発揮して職務を遂行するプロフェッショナル（professional）やスペ

表1.4.2　異動に伴う要素等

異　動	職務間、部局間、本支店間における配置転換。職務内容の変更は状況に左右される。
昇　進	給与、責任、ステータス、名誉などを得る機会が増加する配置転換
降　格	給与、責任、ステータス、名誉などが減少する配置転換

シャリスト (specialist) が求められていることから専門職制度を導入する企業が増加している。この制度は複線型キャリア形成を可能にするシステムのひとつであり、近年、主観的適性を感じる職務のみを遂行したいと考える従業員に歓迎されている。ある特化した高度な職務遂行能力を備えた従業員が、専門性の高い特定の職務のプロになることをキャリア目標とする場合に適切な制度である。

(3) キャリア獲得の制度

① 自己申告制

自己申告制は、目標管理の一環として用いられることが多く、人事異動や能力開発などにも利用されるケースが増えている。所定の用紙に従業員の現在の職務内容、職務遂行能力、業績評価、取得資格、さらに今後の希望職務や目標などを記入して申告する。

② 社内公募制

企業内で募集する職務が発生した場合に、求める人材の要件を公開する。従業員は公募されている条件を閲覧し、従業員自らのキャリア目標を考慮し、職務を選択して応募する。企業は応募者のなかから最も適任と思われる従業員を選抜し、新しい職務へ異動させる。この過程が繰り返されることによって、従業員はキャリアを形成していくことが可能になる。

§2 キャリア形成と能力開発

1 キャリアの変更と開発

キャリア開発におけるキャリアとは一般的にキャリア・ゴールを意味し、キャリア・ゴールを得るための能力開発プログラムのことをキャリア・ディベロップメント・プログラム (CDP: Career Development Program) という。これは、高度な職務遂行能力を開発するということに加えて、企業規模の拡大が難しくなったことによりポスト不足が生じ、経験に伴う処遇を保障できない可能性が高い。そこで、中高年になったときにもやりがいをもって仕事に取り組むことができるために、各自の適性に合わせて目標とするキャリアが獲得できるように職務経験を計画的に積んでいこうとするものである。

キャリア・プランは、従業員の自己申告と上司のカウンセリングを通じて、従業員自身の希望を尊重した目標を設定する。その目標を達成するためのプランを作成する際には、現在の能力と将来性を判定し、つぎに予定される職務・役職と進路・目標を設定する。目標を達成するために必要となる能力開発プランは、キャリア・ゴールとして特定の職務・役職を設定して、目標の職務に

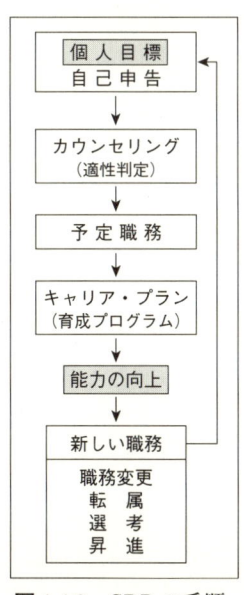

図 1.4.2 CDP の手順

関する仕事だけを連鎖させるのではなく，高度な職務遂行能力を発揮するために経験を積ませる職務も考慮する必要がある。キャリア・ゴールに到達するために必要となる職務経験の順序や期間を職歴の経路として定める必要がある。CDPでは，職歴域（career field），職歴等級（career level），職歴経路（career pass），キャリア開発に必要な教養・訓練計画という四つの要素を十分に考慮しなければならない。

2 能力開発

従来の社員教育は，従業員が企業の風土や文化になじみ，経営者との共通の価値観や愛社精神を育成することが大きな目的であった。入社した後，一定の期間は在職年数に応じて，従業員は同じ教育訓練を受ける必要があった。しかし，昨今は経済が低迷していることに加え，技術革新の進展によってグローバル化に拍車がかかり，企業間競争も激しくなる一方，社会的に価値観や労働観が多様化している。このような状況下で，時間と費用をかけて全従業員を基本から教育・訓練していたのでは経営環境の変化に間に合わなくなってきた。また，従業員自らが自発的に取り組む職務の遂行や学習が能力開発に効果的であるため，現在の職業能力開発も多様化している。

(1) OJT (On the Job Training)

新しい職務に就く従業員に，上司や先輩が日常の職場において，職務遂行に必要な知識や技能，態度などを計画的に指導・教育することをOJTという。実践に即した必要な知識・技能を，早く無駄なく習得させることを可能にする。そのうえ，緊張感があり，結果のフィードバックも早い。さらに職場の雰囲気に早く慣れさせることができる。一方，指導する側もリーダーシップの訓練になるので効果的であるが，指導者・支援者（メンター）となる上司の能力によるところが大きい。

(2) Off-JT (Off the Job Training)

OJTは指導者への負担や指導者の能力に左右されるという制約への対策として，日常の業務から離れたところで行うOff-JTを並行して取り入れることが多い。Off-JTとして，「各種の研修会やセミナーへの参加」，「通信教育の受講」，「eラーニング（e-learning）の受講」，「国内・国外への留学」や「情報の提供」，「資格取得の支援」などさまざまな方法がとられている。

(3) 自己啓発

従業員自らの自発的意思と積極的な努力により，特定の能力の向上に取り組むことを自己啓発という。企業が自己啓発を支援するプログラムとして，仕事に関係する「公的資格等の取得支援」，「通信教育講座の受講補助」，「社外セミナー等の紹介」，「社内で行う研究会の支援」，「書籍・視聴覚教材の提供」などがある。その奨励のために，「講議受講料等の金銭的補助」，「受講等への時間的配慮」，「有給訓練休暇の付与」などが設けられている。

日本労働研究機構が2002年に行った調査によると，従業員が取り組んだ自己啓発のベ

スト5は，上位から「自学自習」「社内の自主的な勉強会・研究会への参加」「資格試験の受験」「社外の勉強会・研究会への参加」「通信教育の受講」である。

(4) エンプロイヤビリティ (employability)

雇用が流動化する時代において，企業と従業員の関係も変化している。特定の企業でのみ通用する能力ではなく，他企業においても通用する高度な職務遂行能力を従業員が備えておく必要性を従業員のみならず，企業も望む時代が到来している。この雇われ続ける能力のことをエンプロイヤビリティという。

企業の経営状況によって，一企業で継続的に雇用が保障されなくとも，他の企業で通用する能力を備えておれば，雇用される機会は増える。つまり，高度な能力や技術を有しておれば，企業を問わず高い評価を得て，働き続けることができる。今後は特化していながら汎用性のある高度な職務遂行能力を備えていることが求められている。

§3 評価と報酬

1 人事の評価と制度

(1) 人事考課制度

従業員の仕事への取り組みが企業にもたらした成果を合理的で適正に評価するために，一定のルールにしたがって，態度・情意，および，能力，業績を査定することを人事考課という。人事考課による評価を昇給や昇進の資料とするばかりではなく，配置転換や能力開発にも反映できるシステムとして活用する企業は多い。人事考課の項目や内容は表1.4.3のとおりである。

これまでの日本企業は，人事評価の結果等を従業員本人に開示することは一般的に行われなかった。また，考課する場合に，企業が求めている能力を従業員に対して明確に示すことも少なかった。しかし，職務を遂行するために求められる能力やその評価基準を明らかにしなければ，従業員の目標も定まりにくいので，企業が求める能力が発揮されるとは限らず，評価も正確さを欠くことになる。そこで，今後は企業が求める能力などを明示す

表1.4.3 人事考課の評価項目とその内容

評価	評価項目	内容
態度・情意評価	規律性，協調性，積極性，責任感など	企業の一員としての自覚，意欲があり，態度などが適切か。
能力評価	知識・技術，理解力，説明力，判断力，企画力，折衝力，指導力など	職務遂行上，必要となる能力の程度。開発された程度。
業績評価	仕事の質，仕事の量	指示・命令および自己が決定した仕事についてどれだけできたか。目標の達成度および出来栄え。

表1.4.4 手順の項目とその内容

手　順	内　容
① 企業の目標設定	経営環境，経営理念にしたがい，経営戦略としての目標の設定
② 部門の目標設定	企業の目標を達成するための各部門での課題分析とともに目標を設定
③ 従業員の目標設定	各部門の目標を達成するために従業員がしなければならないことを提案し，目標を設定
④ 従業員の職務遂行	目標を達成するために上司，同僚と協力して職務を遂行し，状況などに変化がある場合には上司の指示を仰ぎながら，目標の達成に努める
⑤ 達成度の測定と評価	従業員自身による評価後，上司による評価
⑥ 人事考課への活用	昇進・昇格および適切な配置・能力開発に活用

るとともに，従業員本人に評価を開示することが急務となっている。

(2) **目標管理**（management by objectives）

目標管理とは，自らの目標を自らが設定し，自らの責任で管理・実行するというものである。目標設定を自ら行うことによって意欲を高め，目標を達成することで，責任感と自信を養成することができる。組織目標と個人目標の融合化として，あるいは，個人の自己実現と個人目標の達成を組織目標の達成に直結させる必要がある。また，目標にあった権限委譲を実施することによって，職務遂行に関する能力開発の効果をあげることもできる。そのステップは表1.4.4のとおりである。

(3) **評価方法**

従来の日本企業は年功制を用いることが一般的であった。年功制の場合，いったん提示した給与は業績が悪くとも下げることは難しい。そこで，企業に利益をもたらす可能性が高いと考えられる能力を適正に評価する能力主義を導入する企業は少なくない。ところが潜在能力をも含む能力の評価は難しいだけではなく，その能力がどのように企業の利益に反映しているかを正確に測定することは不可能である。そこで，企業への貢献度によって評価する成果主義を導入する企業は増加傾向にある。本年度の成果によって，来年度の処遇を決める制度は管理職のみならず，一般職まで広がりを見せている。

さらに，近年，コンピテンシー（competency）による評価が注目されている。コンピテンシーの一般的な定義は「各職務において，持続的安定的に高業績をあげる人物（高業績者）の行動特性（知識，技術，パーソナリティ特性，能力，信条など）」とされる。この行動特性をコンピテンシー項目として能力評価を行う企業は増加している。

2 報　酬

(1) 労働コストとしての給与

　従業員にとっての給与は，企業の労働コストとなり，その内容は現金給与総額と現金給与以外に分けられる。現金給与総額は，毎月決まって支払われる所定内給与（基本給＋諸手当）と所定外給与（残業代）に加えて，年末の賞与や期末の手当がある。毎月の給与以外の労働コストとなるものとして，退職金，法定福利費，法定外福利費，教育訓練などに充てられる経費がある。

　このように毎月，企業が支給する給与以外に従業員に直接支給しない労働コストも発生し，企業の労働コストは毎月支払う給与額をかなり上回っている。

(2) 給与の種類

　給与は職務遂行による仕事給として職務給や職能給があり，属人的要素（年齢や学歴，勤続年数など）によって決定される属人給がある。これまではそれらを合わせた総合給として支給されることが多かったが，仕事の成果や毎年の能力評価で額が決まる給与システムを導入する企業は増加する傾向にある。

① 職　務　給

　担当する仕事の難易度や職務の価値に応じて額を決める給与であり，学歴や年齢，勤続年数などの属人的な条件は考慮しない。派遣労働者やアルバイトの賃金がその例である。

② 職　能　給

　職能給とは従業員の職務遂行能力のレベルに応じて支払う給与である。職務遂行能力を基礎として職務資格にランク付けし，その職務等級ごとに額を決める。個人の能力のレベルに応じて支払う給与であるため，個人の能力を測定するための評価や査定が必要となる。この職能給では，職務経験を積む過程において従業員の能力レベルが向上したと判断することによって給与ランクが上がることになる。

③ 年　俸　制

　実績をベースにした単年度更改の報酬制度である。自己申告や面談などにより，年度ごとに目標とする数値や項目を設定し，目標管理も併せて行い，その達成度によって翌年度の年俸を決定する。これまでの日本における年俸制の対象は主に管理職であり，「基本給＋業績給」としていたが，今後は全社的に年俸制を導入し，「仕事の成果＋毎年の能力評価」として，業績や成果と給与の連動を図る企業は増加している。

(3) 福利厚生

　従業員の確保と定着を目的に福利厚生は行われ始め，生活支援にかかわる施策として導入・実施された。表1.4.5に示したとおり，法律によって企業に課されている法定福利厚生と企業独自で実施する法定外福利厚生に分けられる。

　近年は価値観の多様化により，すべての従業員が同じ内容の福利厚生を求めているわけではない。そこで，法定外福利厚生については，企業への貢献度に応じて従業員に与えら

表1.4.5　福利厚生の内容例

法定福利厚生	健康保険，厚生年金保険，雇用保険，労働者災害補償保険，児童手当拠出金，船員保険，労基法による法定補償費など
法定外福利厚生	住宅，医療・保健，生活援助，金融，慶弔・見舞金，共済・保険，文化・体育・レクリエーション，老後，自己啓発援助，その他

れたポイントを従業員自らが自由に配分して柔軟に利用できるカフェテリア・システムを導入する企業が増加している。

3　インセンティブ・システム（incentive system）

　励みとなる刺激や報奨金のことをインセンティブというが，それは金銭だけとは限らず，物質的なもの，評価，人的なものなどが含まれる。仕事へ投入した努力が報われなければ，意欲は引き出されない。従業員に愛社精神を求めにくい今日，インセンティブは不可欠なものとなっている。基幹業務を担う重要な戦力となる従業員が企業に留まり，積極的に能力を発揮して成果を出すことを従業員に求めるならば，企業は従業員の努力に報いるシステムを整備する必要がある。成果が上がった場合にインセンティブを得ることができる確信がなければ，意欲的に職務を遂行することは難しい。

4　退職金制度

　退職金制度とは，退職するときに勤続年数に応じた一時金が支給される制度である。退職金は退職時の給与額などによって算定されるため，就業期間が長く，職位が高いほど，高額の退職金が支給される。退職金は給与の後払いであるという説と勤続への慰労と今後の生活費であるという説がある。雇用環境が変わるとともに従業員の価値観や労働観が変化している昨今，雇用の流動化を促進するため，退職金を退職時まで積み立てるのではなく，給与へ上乗せする企業も増える傾向にある。

§4　効果的経営のための人的資源管理

1　企業主導の人員調整

(1) 出　向

　企業の事情によって，従業員を子会社や系列会社などで就労させることを出向という。子会社を管理する必要が生じて出向を命じる場合もあれば，親会社の余剰人員を子会社へ回す場合も少なくない。前者の場合は企業と従業員が雇用関係を維持したまま出向する在籍出向であることが多く，後者は従業員の所属も出向先に移ってしまう移籍出向であることが多い。

(2) 定年退職

　従業員が一定の年齢に達すると強制的に退職させることのできる制度を定年退職制度という。現在，高齢者雇用安定法に基づき，定年退職の年齢を60歳に設定している企業は多いが，高齢化が進んでいる現在，65歳定年制を推進する動きもある。その一方で，選択定年制を導入する企業も珍しくない。また，仕事以外の生活への移行がスムーズに行えるために退職準備プログラムを用意する企業もある。

2　従業員が選択できる退職と就業

(1) 転職援助・独立開業支援制度

　現在，所属している組織外でキャリアを形成していこうとする従業員を金銭的，時間的に支援する制度として転職援助や独立開業支援を行う企業が現われている。これは，経営環境の急激な変化に伴って，職務のミスマッチが起こりやすくなっていることに加え，労働観の多様化によって，一企業に職業人生のすべてを懸ける必要がなくなったため，積極的にキャリア形成する従業員をバックアップする試みである。

(2) 早期退職優遇制度

　早期退職優遇制度とは，従来の一律な定年退職制度ではなく，退職金を優遇して，定年退職の年齢に関係なく退職を促進しようとする制度である。必ずしも在職年数や経験に応じて成果が出せる時代ではないことから，一定の年齢層以上を特定して早期退職希望者を募る。管理職が減少することにより，継続的に支給する労働コストを削減することが可能となる。また，若年従業員に活躍の場とポストを提供できる機会が増えることもメリットのひとつである。

(3) 再雇用制度

　いったん退職した従業員を再び同じ企業で雇用する制度を再雇用制度という。対象となるのは，定年退職した元従業員や結婚・出産のために退職した元従業員である。定年退職者の場合は，定年退職年齢を単に延期するのではなく，本人のやる気や生活設計に応じて多様な勤務形態で就業することを可能にするものである。いずれの場合も，蓄積したスキルやキャリアを企業が認識でき，本人が就業を希望しており，適切な職務が企業になければならない。前者の場合の給与は退職時の6割程度，後者の場合は経験を考慮した中途採用の正規従業員に準ずる処遇となる。

3　人的資源管理（Human Resource Management）

　「企業はヒトなり」といわれることが多いが，人は組織の重要な資源である。現在は人的資源管理をHRMというが，従来はHRD（Human Resource Development），OD（Organization Development）といわれていた。また，人的資源の開発には，表1.4.6のステップを活用すると効果的である。

表 1.4.6 人的資源開発のステップとキャリア開発の機会

①	HRP（人的資源計画）	企業戦略と連携した人材の長期計画	「採用」「職務設計」「組織設計」「キャリア開発」
②	HRU（人的資源活用）	従業員の資質や能力を的確に把握して，有効活用する側面	「昇進・昇格」「人事考課」「異動・配転」「賃金制度」
③	HRD（人的資源開発）	企業の長期計画に基づいて現状との差異を調整するために人材の育成・教育を行う	「教育訓練」「能力開発」「国内外の留学」「OJT」

4 雇用と法律

(1) 主な労働関連法規

労働法として，基幹的な労働三法（労働基準法，労働組合法，労働関係調整法）を中心に，労働にかかわる関連法規の主なものは表1.4.7のとおりである。

(2) 人生設計にかかわる労働関連法規

① 労働基準法

1947年に労働者を保護するために，「賃金，労働時間，休息その他の勤労条件に関する基準」という法律の規定を受けて制定された。労働者に関する最低条件を規定したものである。

② 男女雇用機会均等法

1986年から施行（1999年に改正法施行）され，正式には「雇用の分野における男女の均等な機会及び待遇の確保等女子労働者の福祉増進に関する法律」である。その主な目的は，雇用の分野における，男女の均等な機会・待遇の確保，職業能力の開発・向上など，採用から退職するまでの性差別を解消しようとするものである。

③ 育児休業法・介護休業法

満1歳までの子どもの養育のための休業，または，介護を必要とする家族を介護するための休業を保障する法律である。職業生活と家庭生活の両立を図ることを目的としており，いずれも一人につき1回だけ適用される。

表1.4.7 労働にかかわる関連法規の例

関連分野	主な労働関連法規
労働・給与	労働基準法，最低賃金法など
雇用	職業安定法，男女雇用機会均等法，身体障害者雇用促進法，高齢者雇用安定法など
安全衛生	労働安全衛生法，健康保険法，労働者災害補償保険法など
福利厚生	健康保険法，雇用保険法，厚生年金保険法，労働者災害補償保険法，育児休業法，介護休業法，児童手当法など
教育・訓練	職業能力開発促進法

Let's Challenge !!

Q 1 つぎの用語に最も関係の深いものを解答群から選び，記号を記入しなさい。

【用　語】　　　　　　【解答群】
① 職能給　　（　）　ア　年俸制
② 報奨金　　（　）　イ　嘱託社員
③ 能力評価　（　）　ウ　人事考課
④ 福利厚生　（　）　エ　最低賃金
⑤ 定年退職　（　）　オ　キャリア開発
⑥ 目標管理　（　）　カ　職務等級ごとの賃金
⑦ 労働基準法（　）　キ　カフェテリア・プラン
⑧ 社内公募制（　）　ク　インセンティブ・システム

Q 2 つぎの用語を簡潔に説明しなさい。

① 専門職制度

---

② 自己申告制

---

③ 自己啓発

---

④ 人事考課制度

---

⑤ 年　俸　制

---

⑥ 男女雇用機会均等法

第 5 章　財務管理と企業情報

§1　財務会計の基礎知識

1　経営管理の重要性

　企業経営に資金はなくてはならないものである。ある意味で，財務管理は経営の羅針盤であるともいえる。それは財務情報を処理するための技術である経理という名称が，経営管理ということばに由来していることにも示されているとおりである。

　実際の経営の現場では，経営者をはじめとするさまざまな人たちが意思決定に財務書類等の情報を活用している。さらに最近では，新入社員研修等に経理の基本となる簿記を導入する企業が増加している。どのような立場・役割で働く場合にも，職務を効果的に遂行するために必要となる計数の理解や経営に対するバランス感覚が求められている表れともいえよう。

　今後は経営者や管理職だけではなく，労働者全員が計数感覚を身につける必要がある。

2　簿記・会計の歴史

　簿記は，14世紀ごろ地中海貿易で栄えたイタリアで誕生した。1回の航海でどのように儲かったかを説明するために作成された報告書が簿記の始まりである。これは，当時の数学者ルカ・パチョーリが著した『算術・幾何・比および比較総覧』のなかに複式簿記として解説されている。

　会計は，18世紀の前半から始まった産業革命によって誕生した。産業革命により，イギリスの経済が大きく発展したことから会社形態の企業が現われ，従来の簿記ではとても追いつかなくなってきた。その結果，記録・計算に関する理論面の研究や経営情報の活用が必要となり会計が誕生した。20世紀に入り，アメリカで大規模な株式会社がつぎつぎに設立されたことにより会計は急速に発達した。

　1873年に福沢諭吉が翻訳した『帳合之法』によって，初めて日本に簿記が紹介された。

3　経理とはなにか

　企業は，資本金を元手にして，企業活動に必要な建物や什器・備品等を準備し，提供するための財やサービスを購入する。購入した財やサービスに付加価値をつけて販売することによって利潤を獲得する。経営のための資金が自己資金だけで不足する場合には，銀行から借り入れて資金を調達する。調達した資金を企業の経営に投下し，運用する。無駄な

く，効率よく資金を運用することができれば企業は発展するが，そうでなければ企業はいずれ消滅（倒産）することになる。

企業の経営状態を記録・管理することを経理という。それは企業経営のための重要な管理業務の一つである。この管理業務とは，①取引の記録，②現金・預金等の出納，③決算・税務処理，④資金繰り対策，⑤財務分析，⑥予算管理等である。すなわち，経理の重要な役割は，会計と資金管理であるといえる。

4 会計とはなにか

経済活動を記録し，計算方法等の合理的かつ妥当な処理法を選択し，活用できる情報として誤りのない決算書を作成することを会計という。

会計は使用目的により，財務会計と管理会計に区分される。財務会計の目的は，日常の取引を記録・計算・分類・整理・集計して作成した財務諸表を外部の利害関係者（株主・取引先・債権者・税務官庁等）に報告することである。したがって，すべての利害関係者に誤りのない事実の真実な報告をすることが目的であるため，会計原則等による公正妥当な処理が求められる。会計処理が二通り以上ある取引の処理方法を選択する等の理論面と報告面を会計では重視している。一方，管理会計は，経営者等の内部関係者が経営方針や経営戦略を決定する場合などに活用する。内部で利用するために書式に決まりはなく，利用者の必要に応じた内容や形式，使い方が可能である。

§2 簿記の基礎知識

1 簿記の役割

簿記とは，帳簿記録の略である。その目的は，日々の取引を記録，集計，分類し，企業の財政状態や経営成績を明らかにするために，誤りのない財務諸表を作成することである。

簿記は，経理や会計とは切っても切れないほど密接な関係にあり，日々の経済活動を取引として実際に会計帳簿に記録し，集計し，分類して財務諸表を作成するという実務面を担当する。一方，会計は記録・集計，分類する際の方法論とその根拠を担当している。

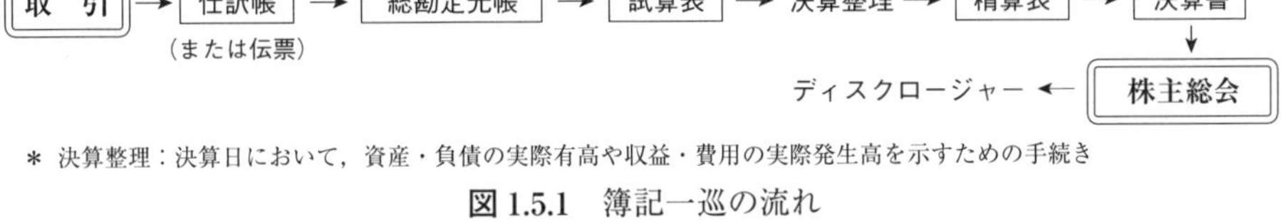

取引 → 仕訳　仕訳帳（または伝票）→ 転記・集計　総勘定元帳 → 検算　試算表 → 決算事項の整理　決算整理 → 精算表 → 決算書 ↓ ディスクロージャー ← 株主総会

* 決算整理：決算日において，資産・負債の実際有高や収益・費用の実際発生高を示すための手続き

図 1.5.1　簿記一巡の流れ

2 日常の処理と決算

簿記では，取引を行った結果，企業の財産が変動した場合に「取引が成立した」と考えるが，その一つの取引を原因と結果という二面からとらえることから，正式には複式簿記といわれる。

経理業務では，毎日の取引を継続的に記録，仕訳をする。さらに，どの財産がいくらあるのかということを総勘定元帳にそれぞれの勘定科目ごとに集計する。仕訳帳から総勘定元帳に転記した各勘定について記入間違いや記入漏れがないか，一定期間ごとに総勘定元帳のすべての勘定科目を試算表にまとめ，検算する。そして，最終的に一定期間における儲けを算定するために，一会計期間の最終日（決算日）に決算整理をした後，企業の成績表ともいえる決算報告書（財務諸表）を作成する。

3 コンピュータ会計

近年，会計処理は基礎データをコンピュータの端末機（パソコン）から直接入力して行うことが一般的になっている。このことは会計処理が，最もコンピュータに向いた作業であることの現われといえる。コンピュータを導入することによって，煩雑な転記作業が不要になり，効率的に会計処理が行われる。しかし，実務で発生する取引を振り分ける作業や集計されたデータを用いて経営判断をするのは人間の役割である。

コンピュータ会計の主なメリットとして，①事務作業の合理化，②会計情報の管理資料を随時作成可能，③月次等の締切処理が原則として不要，④容易に過去のデータ修正や，将来のデータの先行入力が可能，⑤決算処理の期間の短縮化等をあげることができる。

§3 財務諸表

企業は適正利益を得るために効率的に経営することが求められている。選択した経営方法や獲得した利益が適正かどうかの判断をするためには企業の成績表が必要となる。その成績表に該当するものが財務諸表である。

財務諸表とは，①損益計算書（profit and loss statement），②貸借対照表（balance sheet），③キャッシュフロー計算書（cash flow statement），④財務諸表付属明細表，⑤利益処分計算書の5種類の計算書のことである。これらの計算書は，決算日の企業の真実な経営状態を利害関係者に知らせる報告書であるとともに経営者等が経営に関する意思決定を行う場合に，その拠りどころとするための情報を提供するものでもある。

1 貸借対照表

貸借対照表はバランスシートともいわれ，決算日（期末）のすべての資産・負債および資本の状態である財政状態（財産の構成）を記載した計算書である。

表 1.5.1　勘定式貸借対照表と勘定科目の例

貸借対照表
平成○年3月31日現在

（借方）			（貸方）
資産	流動資産	現金・預金 受取手形，売掛金 商　品 短期貸付金　　等	負債	流動負債	支払手形 買掛金 短期借入金　　等
	固定資産	什器備品 建　物 土　地 投資有価証券　等		固定負債	社　債 長期借入金 退職給与引当金　等
	繰延資産	創立費 開業費 開発費 試験研究費　等	資本		資本金 資本準備金 利益準備金 その他の剰余金

(1) 貸借対照表の表示方法

貸借対照表は，「資産の部」，「負債の部」，「資本の部」に区分される。資産と負債はさらに1年間で現金化するかという「1年基準」と営業活動の循環の枠内にある資産（受取手形，売掛金，商品など）や負債（支払手形，買掛金など）であるかという「営業循環基準」にしたがって区分されている。その表示形式には，報告式と勘定式の2種類がある。報告式は，「資産の部」，「負債の部」，「資本の部」を順に表示するので，簿記の知識がなくても内容が理解しやすい。一方，勘定式では，表1.5.1のように左側の「借方」に「資産の部」を，右側の「貸方」の上部に「負債の部」，その下部に「資本の部」を表示する。この勘定式では，「借方」に資金の運用，「貸方」に資金の調達が示されているので，貸借対照表の構造がわかりやすい。

(2) 貸借一致の原則

勘定式貸借対照表の借方の資本の運用形態を表わす資産の合計と，貸方の資本の調達源泉を表わす負債と資本の合計は一致する。これを「貸借一致の原則」といい，「資産＝負債＋資本」という算式で表現することができる。

2　損益計算書

損益計算書は，一会計期間（事業年度）の総収益と総費用を集計した表で，一定期間の経営成績を表わしている。収益とは商品の販売やサービスの提供によって得た対価であり，費用とは収益を上げるために要した商品の仕入れ代金や給料の支払い等のことである。

損益計算書では，業績を収益と費用の差し引きで表現する。つまり，収益から費用を差し引いた金額がプラスであれば利益が計上される。

損益計算書も報告式と勘定式があるが，一般的に報告式を用いることが多い。報告式の損益計算書は，企業の本来の経常的な活動を表わす「経常損益の部」と本来の経常的な活

表1.5.2 報告式損益計算書の例

損 益 計 算 書
平成○1年4月1日～平成○2年3月31日

経常損益の部
Ⅰ 営業損益
　1. 売上高
　2. 売上原価
　売上総利益
　3. 販売費および一般管理費
　営業利益
Ⅱ 営業外損益
　1. 営業外収益
　　受取利息
　　雑　益
　2. 営業外費用
　　支払利息
　　雑損失
　経常利益
　特別損益の部
Ⅲ 特別損益
　1. 特別利益
　　投資有価証券売却益
　2. 特別損失
　　固定資産売却損
　税引前当期利益
　　法人税及び住民税
　当 期 利 益
　　前期繰越利益
　　当期未処分利益

表1.5.3 勘定式損益計算書と勘定科目の例

損 益 計 算 書
平成○1年4月1日～平成○2年3月31日

費用	売上原価 給　料 広告費 支払家賃 通信費 消耗品費 水道光熱費 支払利益　等	収益	売　上 受取手数料 受取利益 　　　　等
	当期利益		

損益計算書の詳しい様式については，商法施行規則（法務省令）を参照のこと。

表1.5.4 貸借対照表と損益計算書の基本的関係

(借方)^{かりかた}*	**貸借対照表**	(貸方)^{かしかた}		(借方)	**損益計算書**	(貸方)
期末資産	期末負債			費用		収益
	期首資本**					
	当期純利益		一致		**当期純利益**	

＊借方，貸方という用語は歴史的には意味があるが，実務的には借方は左側，貸方は右側と理解して差し支えない。
＊＊期末資本は期首資本と当期純利益からなる。

動以外の「特別損益の部」に分けて表示する。区分表示の形式は開示の目的によって若干異なるが，内容が異なるわけではない。

3　キャッシュフロー計算書

　キャッシュフローとは，現金（cash）の流れ（flow）を総称する概念であり，現金の流れから企業活動を把握しようとするものである。従来，企業経営の成果を把握する指標と

して，売上や経常利益などの金額を用いることが多かった。ある期間に「流入した現金」から，「流出した現金」を差し引いた額で表わすことができる。

(1) **営業キャッシュフロー**

企業は，目的とする製造活動や商取引などを行って利益を計上する。この経営活動から生じるキャッシュフローの増減を営業キャッシュフローという。企業が本来，目的とした営業活動において利益が計上されないのは致命的であるため，営業キャッシュフローがプラスであることは企業経営の大前提となる。

(2) **投資キャッシュフロー**

企業は，現在の事業を維持するために設備投資を行ったり，新規事業を始めたりするだけでなく，他社の株式に投資することによって，企業全体の営業利益を拡大させる。このような投資活動から生じるキャッシュフローの増減を投資キャッシュフローという。

(3) **財務キャッシュフロー**

企業は，調達した資金を効果的に運用し，経営している。無理な資金の調達をすることによって，多額の支払利息などが発生すると企業経営に大きな負荷をかけることになる。そのような事態を避け，バランスのよい財務活動を行う必要がある。この財務活動から生じるキャッシュフローの増減を財務キャッシュフローという。

§4 経営分析

経営分析の目的は，分析結果を活用する人がどのような立場にあるのか，どのように利用するのかによって分析の方法は異なる。どのような場合においても，分析結果を活用する人の視点に合ったものでなければならない。

1 資金繰り

企業の財務諸表を見ると，利益が出ている企業，損失が計上されている企業，その財務内容はさまざまである。しかし，倒産した企業の決算に必ずしも損失計上が続いていたとは限らず，決済日に支払わなければならない現金が調達できず倒産する場合もある。このように現金の出入りのバランスが崩れたことにより倒産を招くこともある。

商社などの企業は図1.5.2の取引等を通じて利益を計上している。①→②→③→④の順に取引がスムーズに行われておれば問題はない。しかし，代金支払い④までに，売り上げた商品②の代金の回収③が滞っており，支払うための現金が会社にない場合には，代金を支払うことが不可能となる。つまり代金の

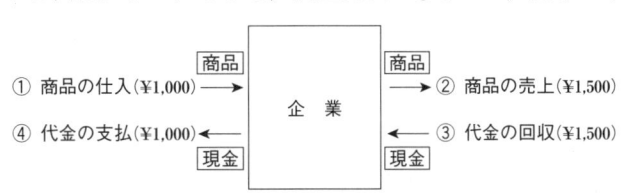

① 商品の仕入（¥1,000）→ 企業 → ② 商品の売上（¥1,500）
④ 代金の支払（¥1,000）← 企業 ← ③ 代金の回収（¥1,500）

図 1.5.2 経営活動（商品売買取引）

回収③があまりに遅くなると商品は売れているにも関わらず企業内の現金が底をついてしまうことになる。このように財務諸表では売上や利益を計上していながら代金の回収が遅れることにより会社が倒産することがある。これを黒字倒産という。

経理では，現金の出入りを把握するために財務諸表とは別に資金繰り表を作成し，常に支払いが滞らないようにしている。経営の難しいところは，損益勘定と資金の動きが必ずしも一致しないところにあるといえよう。

2 経営分析

(1) 安全性の分析

企業を存続させるために，資金の調達と運用のバランスという安全性の要となるのが，資金の流動性であるといえる。つぎにあげる比率の流動性分析を行うことにより，企業の安定性ともいえる安全性を測定することができる。ただし，比率は業種によって異なるので，業種の特徴を考慮した分析をする必要がある。

【計算式と理想数値】

流動比率＝流動資産÷流動負債×100（理想数値：200％以上）

当座比率＝当座資産÷流動負債×100（理想数値：100％以上）

固定比率＝固定資産÷自己資本×100（理想数値：100％以下）

負債比率＝負債÷自己資本×100（理想数値：150％以下）

(2) 収益性の分析

企業の経営活動の目的は利潤の獲得である。しかし，単に利益が計上できればよいというのではなく，効率的に利益を獲得しなければならない。経営活動の目的である利益は当期利益として明確に財務諸表に現われる。しかし，本年度計上された数値だけでは，その数値が企業にとってどのような意味をもつのか判断しがたい。そこで，自社のさまざまな利益率を検討するとともに，他年度の数値や同業他社の数値と比較することにより自社の状態を判断しなければならない。

【主な計算式】

売上高利益率＝利益額÷売上高

$$総資本利益率 = \frac{当期利益}{総資本} = \frac{当期利益}{売上高} \times \frac{売上高}{総資本}$$

(3) 損益分岐点分析

損益分岐点とは，売上高とそれに伴う費用の額が等しく，利益も損失も生じないという状態における売上高のことをいう。損益分岐点を計算することにより，売上高から利益を見積もることや目標利益から売上高等を算出すること，会社の利益の状況を分析することが可能となる。

損益分岐点の算出には，費用を売上高に比例して増減する変動費と売上高の増減に関係

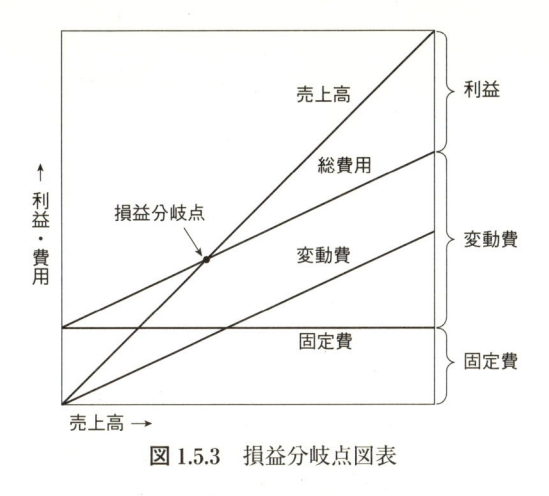

なく発生する固定費に分解する。変動費の代表的なものは，製造業では材料費で，販売業では仕入商品の売上原価であり，固定費は，基本給や建物賃借料などである。このように費用を固定費と変動費に分解して，つぎの算式に数値を代入することにより損益分岐点となる売上高が算出される。

$$損益分岐点売上高 = \frac{固定費 + 0（利益）}{1 - \dfrac{変動費}{売上高}}$$

図 1.5.3　損益分岐点図表

§5　企業と税金

　国は，法人たる企業が経営活動の結果，計上した所得や個人が働いて得た所得に対し，税金を課する。企業に課税される税金には，法人税，事業税，住民税だけでなく，不動産取得税，自動車取得税，固定資産税，自動車税，特別土地保有税，地価税，都市計画税等がある。また，日常の営業取引にかかる税金として，消費税，印紙税，登録免許税，有価証券取引税等がある。

1　税金の分類

　税金は，いろいろな観点から分類することができるが，その主要なものは国税と地方税，直接税と間接税という分類である。
　国税と地方税は，課税主体による分類である。国が賦課および徴収する税を国税といい，地方公共団体が賦課および徴収する税を地方税という。国税には，法人税，消費税，所得税等があり，地方税には住民税，事業税，固定資産税等がある。
　また，直接税と間接税とは，法律上の納税義務者と担税者が一致するかどうかによる分類である。直接税は納税義務のある者（納税義務者）と実際に税金を負担する者（担税者）が一致する税であり，間接税は両者が一致しない税である。直接税には法人税，所得税等があり，間接税には消費税等がある。

2　税金の種類
（1）法　人　税
　法人税は，株主総会で報告または承認された損益計算書に示された当期純利益を基礎に，法人税法で定めた調整項目を加算・減算して，課税所得を算定する方法を用いてい

る。株式会社は，決算日の翌日から2ヵ月以内に「確定した決算」に基づいて各会計期間（事業年度）の所得に対して法人税を計算して確定申告を行い，法人税を納めなければならない。

(2) 住民税

都道府県民税と市町村民税を合わせて一般に住民税といわれる。これは，地方公共団体の行政経費を負担するもので，事業所等を有する都道府県，市町村に納めなければならない。

納税者自身の住民税は，前年の所得をもとに算出されるので，自身が居住する都道府県や地区町村に納付する。

(3) 事業税

事業税は，企業が行う事業に対して課される税金であり，企業の営業費用として認められている。法人の事業税は，各事業年度の法人税の課税標準を計算するときに算出された所得金額などを基準にし，その金額に税率をかけて計算する。

(4) 固定資産税

固定資産税とは，固定資産（土地・家屋・償却資産）の所有者に課される市町村税のことである。賦課期日（1月1日）現在，固定資産課税台帳に所有者として登録されている者に納税通知書が送付される。その通知書にしたがって固定資産税を納めなければならない。

(5) 消費税

消費税は，商品や備品などの物品を購入したときだけでなく，運賃，家賃，郵便料などのサービスを受けた場合にもかかる。つまり，モノやサービスの消費に対して課される税金である。

(6) 印紙税

印紙税は，契約書や手形，株券，領収書等の特定の書類を作成する際にかかる税金であり，書類に表示されている金額により納付額は異なる。納付は書類作成時に適当な額面の収入印紙を書類に貼付することによって納付が完了する。

(7) 所得税（源泉所得税）

所得税は，個人の所得に課される税金である。給与所得者の場合，収入金額から一定の給与所得控除額を差し引いた額が所得の金額となる。この所得金額から社会保険料等を差し引き，予め課税所得額と所得税を算出する。算出された所得税は，給与支給のたびに企業が源泉徴収し，国へ納付しておくが，年末に確定した課税所得により改めて所得税を再計算し，年末調整を行う必要がある。税額計算の税率は，所得の額に比例して高くなる累進課税が適用されている。

§6　会計情報のグローバル化

1　ディスクロージャーからIRへ

商法では，株主・債権者等の利害関係者の判断を誤らせないために企業の財務内容を開示することを要求している。株主には，出資している株式会社から，定時株主総会の前に，株主総会の招集通知と一緒に財務諸表が送られてくる。また，株主以外の利害関係者も，図1.5.4に示した決算公告などにより企業の財務内容を知ることができる。この公告は，商法が企業の財務内容の開示を義務づけている決算公告の開示制度によるものであり，株主総会の集中する時期に，主要な新聞の紙面などに掲載される。今後はインターネットなどを利用して開示する企業は増加するであろう。

近年，企業の自発的な情報開示が進んでいるため，IR（Investor Relations）に積極的に取り組む企業は増加している。これは，企業が投資家などの利害関係者に対し，投資をはじめとするさまざまな判断に必要な情報を適時，公平に継続して，自発的に提供する活動の全体を指す。

2　国際会計基準

グローバル化は企業会計にも影響を与えている。日本独自の企業会計基準，商法，税法だけに縛られるのではなく，国際会計基準を導入することにより，キャッシュフロー経営，連結決算，時価評価を行うことが求められている。

キャッシュフロー経営の導入により，企業はこれまで以上に現金収入を重要視している。さらに，連結決算を行うことによって，これまで子会社へ押付けていた不良債権や余剰人員を適切に精算する必要が生じ，資産の時価評価から企業の含み損益が明らかにされることになった。資産（土地，株など）の含み損は企業の担保力を減少させることから企

第８３期決算公告

平成15年6月27日

大阪市中央区難波千日前11番○○
○○興業株式会社
代表取締役社長　○○○○

貸借対照表の要旨
（平成15年3月31日現在）
（単位：百万円）

資産の部		負債の部	
流動資産	14,616	流動負債	11,568
現金・預金	4,414	営業未払金	3,150
営業未収入金	2,796	1年以内償還予定の転換社債	5,795
有価証券	4,955	その他	2,623
その他	2,450	固定負債	14,123
固定資産	37,221	長期借入金	6,000
有形固定資産	28,179	その他	8,123
建物	13,490	（負債合計）	(25,692)
土地	13,728	資本の部	
その他	960	資本金	4,806
無形固定資産	190	資本剰余金	4,701
投資等	8,851	利益剰余金	16,730
投資有価証券	3,494	（うち当期利益）	(980)
その他	5,356	株式等評価差額金	△ 59
		自己株式	△ 31
		（資本合計）	(26,146)
資産合計	51,838	負債及び資本合計	51,838

損益計算書の要旨
（平成14年4月1日から 平成15年3月31日まで）
（単位：百万円）

科目	金額
営業収益	30,372
営業費用	27,228
営業利益	3,143
営業外収益	124
営業外費用	408
経常利益	2,859
特別利益	359
特別損失	1,308
税引前当期利益	1,911
法人税,住民税及び事業税	1,605
法人税等調整額	△ 673
当期利益	980
前期繰越利益	1,074
中間配当額	155
当期未処分利益	1,898

（注）1．有形固定資産の減価償却累計額　9,942百万円
　　2．1株当たり当期利益　27円10銭

2002年 6月27日

大阪市中央区難波千日前11番6号
○○興業株式会社
代表取締役社長 ○○○○

貸借対照表の要旨
（2002年 3月31日 現在）
（単位：百万円）

科目	金額	科目	金額
資産の部		負債の部	
流動資産	14,521	流動負債	13,597
現金・預金	3,459	営業未払金	3,689
営業未収入金	3,141	1年以内償還の転換社債	7,607
有価証券	6,606	その他	2,300
その他	1,314	固定負債	14,194
固定資産	38,718	転換社債	5,795
有形固定資産	28,833	その他	8,399
建物	14,016	（負債合計）	(27,791)
土地	13,728	資本の部	
その他	1,088	資本金	4,767
無形固定資産	190	法定準備金	5,481
投資等	9,693	剰余金	15,323
投資有価証券	4,799	（うち当期利益）	(659)
その他	4,894	評価差額金	△119
		自己株式	△4
		（資本合計）	(25,443)
資産合計	53,239	負債及び資本合計	53,239

（注）1．有形固定資産の減価償却累計額　9，077百万円
　　2．1株当たり当期利益　19円11銭

損益計算書の要旨
（自2001年 4月 1日）
（至2002年 3月31日）
（単位：百万円）

科目	金額
営業収益	30,954
営業費用	27,895
営業利益	3,059
営業外収益	199
営業外費用	363
経常利益	2,894
特別損失	1,609
税引前当期利益	1,285
法人税、住民税及び事業税	1,315
法人税等調整額	△689
当期利益	659
前期繰越利益	1,284
中間配当額	155
当期未処分利益	1,789

（http://ir.nikkei.co.jp/index.asp より）

図1.5.4　新聞・インターネットを利用した決算公告の例

業の資金繰りは厳しくなっている。

3　連結決算

　2000年3月から新連結決算制度が導入された。上場企業などが子会社や関連会社の経営業績も合算した連結財務諸表を有価証券報告書に記載することにより，グループ企業の本当の健全性を表示することを目的としている。

　このことにより，たとえ親会社が子会社に不良債権や余剰人員を押付けても，企業の財務諸表は改善されることなく，業績不良な子会社まで明示されることになる。そこで，連結決算で親会社の足を引っ張る関連会社の経営の改善が見込めない場合には処理することを検討する企業は少なくない。

Let's Challenge !!

Q1　つぎの表の空欄①に入る適切な金額を下記の解答群から選んで，記号を記入しなさい。

期　首			期　末			収益	費用	純利益または純損失
資産	負債	資本	資産	負債	資本			
①	4,500		9,500	6,000		9,700	9,200	

【解答群】ア　7,500　　イ　8,000　　ウ　8,500　　エ　9,000　　オ　9,500

Q2　つぎの用語に最も関係の深いものを解答群からひとつ選び，記号を記入しなさい。

【用　語】		【解答群】
①　現金・預金	（　）	ア　『帳合之法』
②　売上高利益率	（　）	イ　『算術・幾何・比および比較総覧』
③　損益計算書	（　）	ウ　直接税
④　買掛金	（　）	エ　間接税
⑤　福沢諭吉	（　）	オ　資産
⑥　貸借対照表	（　）	カ　負債
⑦　決算公告	（　）	キ　P/L
⑧　消費税	（　）	ク　B/S
⑨　所得税	（　）	ケ　収益性分析
⑩　ルカ・パチョーリ	（　）	コ　財務諸表

第6章　生産管理

§1　生産管理の基本

1　生産管理とは

　日本工業規格（以下 JIS）では，生産のことを「生産要素である素材など低い価値の経済財を投入して，より高い価値の財に返還する行為またはその活動」と定義している。さらに，「財・サービスの生産に関する管理活動。具体的には，所定の品質（Q：Quality）・原価（C：Cost）・数量および納期（D：Delivery, Due）で生産するため，または Q・C・D に関する最適化を図るため，ヒト，モノ，カネ，情報を駆使して，需要予測，生産計画，生産実施，生産統制を行う手続き及びその活動。狭義には，生産工程における生産統制を意味し，工程管理ともいう」と生産管理を定義している。

　これは，経営資源を効率よく活用して，必要なときに，必要なものを，必要な量，生産するための最適化を図ることを意味している。顧客満足（Customer Satisfaction）を得るために重要なことは，どのようなものをどれくらい，いくらで作り，いつまでに生産しなければならないかということを的確に判断・実行できることである。

2　生産管理の必要性

　グローバル化が進展し，価値観が多様化するにしたがって，顧客の目はますます肥えて気まぐれになり，需要予測が立ちにくいばかりか，製品のライフサイクルは短くなっている。「お客様は神様です」ともいわれるが，お客様（顧客）は企業を救ってくれる神様というより企業の力を試そうとするわがままな王様であるともいえる。

　製品を生産する場合，一般的に生産者が「価値がある」と考える製品をできるだけ安く生産する。生産しても，その製品が消費者のニーズと異なっていたり，価格が高すぎると製品は売れない。たとえ売れる製品であっても原材料や部品が必要なときにそろわなければ，あるいは製品が完成していなければ売ることができない。そこで，高品質の製品をより安く提供するために，過剰な経費（労務費や原材料費に加えて部品や仕掛品，製品の保管料等）を極力抑制しなければならない。

　まず，ニーズに適したよりよい製品をより安く生産のための計画を立て，工場内の作業は標準化し，労働者が適切な作業が遂行できるように教育・訓練を行い，規格に適合していて質がよく，価格の安い原材料を必要なときに必要な量を用意しなければならない。そして，高品質の製品を生産し，倉庫内に滞留することなく，適切なときに迅速に製品を供

給すれば，顧客満足度を高めることができる。顧客の満足を得ることができない場合は，社会から必要とされていないということを意味し，企業として存続することは難しい。

3　生産管理のしくみ

日常の営業活動から製品の需要予測を行ったり，顧客からの受注によって，生産活動が始まる。生産の準備として，原材料の購入と外注すべき部品の手配が必要である。原材料や部品を調達し，検査・検収を実施した後，加工・組立てを行い製品にする。

製品が規格どおりに完成しているか測定し，検査の後，倉庫で保管し，出荷の指示にしたがって，注文を受けた顧客に納めることになる。この一連の流れが生産管理のしくみであり，この手続きを迅速で効果的に行うことが生産管理の役割となる。

§2　生産管理の種類

1　生産形態の分類

生産する場合，製品の特徴や受注に応じて，つぎの生産方法から適切な方法を組み合わせて生産を行う。

(1)　生産プロセスによる分類

自動車やコンピュータのように多くの部品やユニットを組み立てて完成品を作る生産を組立生産方式といい，清酒や医薬品のように原材料に科学的な処理を行って製品を作る生産をプロセス生産方式という。

(2)　製造の連続性による分類

製品ごとに個別に生産する方式を個別生産といい，同じ製品を継続して生産する方式を連続生産という。また，複数の製品を交互に生産する方式をロット生産という。ロットは大ロット，中ロット，小ロットに分けることができ，ロットが大きくなるほど在庫過多になりやすく，ロットが小さくなるほど段取り時間のロスが発生しやすくなる。

(3)　品種・生産量による分類

同じ製品を一度に大量に生産する少品種大量生産と，一種類の製品の量は少なく生産して多種の製品を生産する多品種少量生産に分けられる。中品種中量生産は，その中間ぐらいの品数と中間ぐらいの量の製品を生産するものである。

(4)　受注の受け方による分類

住宅やオーダーメードスーツなどのように注文を受けてから生産し，注文を受けたものしか作らない生産を受注生産といい，家電や既製服などの不特定多数の消費者のニーズや市場の需要を見越して生産者が企画した製品を生産する場合を見込生産という。

2 生産の計画

人に割り当てられた仕事を遂行するために，人が行う個々の活動を課業という。スケジュールを立てるときには，この課業の組み方によって，計画はフォワードスケジューリングとバックワードスケジューリングに分けられる。

(1) フォワードスケジューリング

工程順序にしたがって，着手予定日を基準に課業を組んでいくことから，最初にかかることのできる課業から最も早い着手可能な日に始める。ひとつの課業が終われば，直ちにつぎの課業に着手して，早めに仕事を終えることができ，途中で突発的な事情が生じても納期に影響を及ぼさない点が長所である。短所は過剰在庫になりやすいので在庫管理に注意が必要な点である。

(2) バックワードスケジューリング

納期を基準に工程をさかのぼって予定を組んでいく。最遅着手日を決め，課業に取り掛かるため，工程を開始する前の突発的な事態に対処することが可能であるが，手順が滞ると納期に間に合わなくなる可能性がある。生産管理においては，バックワードスケジューリングのほうが効率的である。

3 生産管理を構成する各管理

生産管理を構成する主な諸管理をあげるとつぎのとおりである。

(1) 工程管理

JISでは「仕事を遂行する過程である工程の出力となる製品またはサービスの特性のばらつきを低減し，維持する活動である。その活動過程で，工程の改善，標準化，及び技術蓄積を高めていく」と定義している。製品工程分析や作業者工程分析を行い，この製品の品質のばらつきが許容範囲内にあるかを検証し，そのばらつきを低減することを目的としている。

(2) 品質管理

広義の意味での品質管理は，消費者の満足を高めることを目的とした消費者重視の品質マネジメントである。従来からの品質管理は，狭義の品質管理を意味し，製品などが仕様を満たしているかを確認する統計的品質管理であり，品質をコントロールすることを目的としている。

(3) 購買管理

原材料の購入先を選定し，必要な量の質のよい原材料を必要なときにできるだけ安い価格で購入しなければならない。JISではその機能として，「内外製区分，購買計画，仕入先開拓と選定，取引契約，発注管理，価格管理，原価低減活動，納期管理，品質管理，検収，支払管理，仕入先管理，リスク管理，購買業務規定の整備などが含まれる」としている。

(4) 資材管理

生産に必要となる資材や部品をタイミングよく受け入れて保管し，必要なときにスムーズに払い出すための入出庫にかかわる活動である。資材管理として，生産に必要な資材の量や納期を算出するだけでなく，倉庫管理として，受け入れた資材などの保管や払い出し，さらには製品や仕掛品などの払い出し管理も欠かすことはできない。

(5) 外注管理

「生産活動にあたって，内外製の最適分担のもとに，原材料，部品を安定的に外部から調達するための手段の体系」とJISでは外注管理を定義している。その他の外注管理の目的は，要求する品質を比較的安い価格で得られことにより，コストの効率を上げ，自社の技術不足を補充するとともに，外注先と共存共栄できるよい関係を構築・維持するためでもある。

(6) 在庫管理

倉庫内に保有している原材料，生産途上の仕掛品や完成した製品などの在庫を適切な量に維持するための管理である。ラインの末端や生産の途上でつぎの工程が必要とする要求量と前工程からの供給量に差がある場合には，各所で在庫が発生する。在庫は財産としての価値があるとはいうものの，保管のためにコストがかかるうえに，質の劣化や売れ残りが懸念されるため，過剰な在庫は経営資源のムダと考えられる。売り逃しを起こさない標準化生産のための適正在庫の維持が在庫管理の目的であり，過剰在庫と過少在庫の中間である適正在庫を維持する必要がある（第2部第3章参照）。

(7) 物流管理

「物資を供給者から需要者へ，時間的，空間的に移動する過程の活動。一般的には，包装，輸送，保管，荷役，流通加工及びそれらに関連する情報の諸機能を総合的に管理する活動。調達物流，生産物流，販売物流，回収物流など，対象領域を特定して呼ぶこともある」とJISでは物流管理を定義している。生産の場における工場内物流としては，原材料の受け入れから製品出荷までが該当するが，工場内での仕掛品などの搬送では付加価値は生じないので，極力簡素化することが求められる。

(8) 原価管理

原価の構成要素となるのは，原材料費，購入品費，開発費，設計費，加工費，組立費，一般管理費などである。原価管理として，生産において達成可能な標準を設定し，実際の原価の構成要素をコントロールする場合と，原価の引き下げの計画，実施を推進する場合に用いられる。原価を下げることによって，企業利益が上昇したり，製品価格を下げることが可能となり，顧客満足度も向上することになる。

§3 効率的な生産方式

1 生産方式の種類

　フォードによって導入された少品種大量生産に威力を発揮するベルトコンベアによる生産方式は100年の歴史を誇る。1分間に約一，二m進むベルトコンベアによる作業統制は人間性疎外を引き起こすだけではない。工程が完全に機械化されていない場合，労働者が作業に慣れるまでの数ヵ月は大変であるが，慣れてしまえばベルトコンベアのスピード以上で作業できる労働者の能力に制限をかけることになる。こうしたタイムラグの発生は非能率的で熟練者の能力が活用できないことが，松下電器やその他企業で実証されている。そこで，一人生産方式などにより，やる気を引き出し，生産性を上げる企業は多い。

　(1)　ライン生産方式

　見込生産を行っている企業の多くが採用しているのはライン生産方式である。生産ラインの各工程に所定の作業を割り付け，各工程を仕掛品が通過するにしたがって加工が順次進む生産方式のため，流れ生産ともいわれる。ラインは加工の種類によって，塗装ライン，組立ラインなどと呼ばれ，ラインごとに作業が割り当てられている。複雑な製品でも徹底した分業を行うことによって，単能工でも生産性を上げることができる。少品種大量生産方式として知られており，大幅なコストダウンを図ることが可能である。

　(2)　セル生産方式

　セルという作業スペースで3～5人の作業者によるチームワークの分業システムである。規模の小さいセルラインを少人数で運用し，多能工化した作業者が生産作業を行う。機械より人を重視した小ロット生産を基本とした多品種少量生産に向いた生産方式である。チーム全体の能率や生産性はチームメンバーのモチベーションや能力に左右されるため，リーダーなどの技量が大きく影響する。多能工やリーダーの養成が必要であるが，市場の価値観の多様化に向いている生産方式であるとともに，人材育成に効果があるため，導入する企業は多い。

　(3)　一人（屋台）生産方式

　一連の生産作業を一人で行う個人別生産方式である。従来のベルトコンベアを撤去して，個人用作業スペースですべての作業を各作業者のペースで行うため，適正な能力評価が可能であり，作業者のモチベーションも高まる。熟練になるにしたがって生産効率がアップするとともに多能工としての人材育成にも効果がある。たとえば，生産にかかった時間を明示すれば，作業者は自己の記録に挑戦するなど，さまざまな効果をもたらしている。さらに，段取り時間が短縮されるとともに，在庫のムダをなくし，柔軟にニーズに応じられる多品種少量生産に向いている。コンピュータ周辺機器やメディア関連の製品を生産する企業などで，コンピュータを利用した電子マニュアルを用いて，一人の作業者が一台を生産する一人（屋台）生産方式を導入するケースは増加している。

(4) トヨタ生産方式

生産におけるムダ（作りすぎのムダ，手待ちのムダ，運搬のムダ，加工のムダ，在庫のムダ，動作のムダ，不適合を作るムダ）を徹底的に排除し，原価を極限まで低減することによって，利益の増加をねらったものがトヨタの生産方式である。この方式の特徴は，ジャストインタイム（JIT）による生産方式と自動停止機構がついた自動機を用いた生産方式である。自動停止機構（ポカよけ）は，不良品を作るまえに機械的・電気的・電子的に不良を検知して作業を停止し，知らせて，やり直す装置となっている。

① JIT（Just in time）生産方式

必要なときに，必要な部品などを必要な量だけ生産することによって，作りすぎなどのムダを一切排除しようとする生産方式であり，後工程が必要な部品・仕掛品を前工程に取りに行く。このとき「かんばん」と呼ばれる指示票を用いる。後工程引取り方式を用いており，作りすぎによる中間仕掛品の滞留や工程の遊休などが生じないように，生産工程の流れ化と生産リードタイムの短縮化をねらいとしている。

② かんばん方式

標準化している繰り返し生産を前提にかんばん方式が運用される。かんばんといわれる指示票として，「生産指示かんばん」と「引取りかんばん」の2種類のカードを用いる。「生産指示かんばん」に前工程が製造すべき品物の種類が示され，「引取りかんばん」に数量や後工程が引き取る品物の種類と数量が示されている。

2 コンピュータを駆使した生産システム

近年，IT技術を駆使して，店頭情報を活用した売れ筋商品の状況などを管理して生産に活かそうとするシステムが開発されている。その変遷はつぎのとおりである。

(1) 生産システムの基本概念

① MOS（management operation system，1960年代）

コンピュータを使って瞬時に資材量の計算を行い，生産のために必要な情報を集約して管理する生産システムとして始めての概念である。

② CIM（computer integrated manufacturing，1980年代）

生産活動の最適化を図るシステムである。生産管理にコンピュータを使用することに加えて，経営全体の情報システムにまで発展させた生産管理システムをCIMという。

③ IMS（intelligent manufacturing system，1990年代）

生産情報のやりとりを人工知能技術のAIや，ロボットなどを使って生産効率を高めようとするのがIMSである。

(2) 生産システム構築の変遷

① PICS（production information control system，1965年頃）

コンピュータのバッチ処理を活用して，瞬時に資材量の計算をするプログラムパッケー

ジをPICSという。

② COPICS (communication oriented production information control system, 1970年頃)

PICSをオンラインで計算できるようにした生産システムがCOPICSである。

③ MRP (material requirements planning, 1980年頃)

受注情報および受注予測などをもとに生産計画を立て，MPS (master production schedule) に基づいて，生産日程や構成部品の量を算出し，部品のリードタイムデータを活用し，生産着手時期を指示するシステムである。生産の指示を受けてから部品の発注までの時間が短縮されるとともに，部品切れや納期遅れが防止できる。コンピュータを活用することで，業務の効率化が可能になる。

④ MRP Ⅱ (manufacturing resources planning Ⅱ, 1985年頃)

MRPに製造関連の要員，設備，資金などの機能を付加して，企業の活動を計画・管理する技法をMRP Ⅱ（製造資源計画）という。

⑤ ERP (enterprise resources planning system, 1990年頃)

MRP Ⅱに製品の受注から出荷までの一連の業務に加えて，会計や人事を含めた業務の計画・管理を付加した企業の総合基幹業務システムのことをERPという。購買管理や生産管理，在庫管理に加えて，人事管理，販売管理等の各システムが連動しており，データや情報を共有することが容易であり，重複作業を避けることにより，業績効率が向上する。迅速な経営に関する意思決定を行うことが可能になる。

⑥ SCM (supply chain management, 1995年頃)

ITを駆使して，仕入先から顧客にいたるまでのビジネスプロセスの業務効率を向上させ，企業全体の最適化をめざす経営手法をSCMという。SCMを構成しているのは，需要予測，生産管理などの計画に関するソフトであるSCP (supply chain planning) ソフト，輸配送などを管理するソフトであるSCE (supply chain execution) ソフト，物流の機能などを管理するロジスティックス (logistics)，生産管理や財務管理などの基幹システムとなるソフトのERPパッケージである。この処理をすべて管理して，過剰な在庫や欠品を防止し，顧客へ製品をスムーズに届けることを目的にしている。また，サプライチェーンとは，原材料から製品にいたるものを仕入先，メーカー，卸売業者，小売業者といった製品を顧客に供給する連鎖のことである。

⑦ DCM (demand chain management, 2000年以降)

製品を生産する生産者とニーズなどの情報をもつ顧客が双方向コミュニケーションをもつことにより，製品開発が迅速に行えるシステムをDCMという。顧客満足度に注目した顧客サービスの提供を重視した管理システムである。

§4　生産管理が必要となった背景

1　生産のマスプロ化の歴史

　1768年にイギリスのアークライトが水力紡績機を発明し，ワットが蒸気機関を改良したことにより，産業革命が始まった。1832年にバベッジが『機械および製造の経済性について』を発表している。その後，産業革命はヨーロッパからアメリカへと広がり，1899年に世界初の自動車会社であるオールズ自動車会社が設立された。

　1911年にテイラーが『科学的管理法の原理』を発表するとともに，消費者と生産者の経済性を追求するフォードがベルトコンベアによる流れ作業を提案したことにより，コストを抑えた大量生産が可能となった。自動車産業におけるフォードの優位性を奪うためアメリカの自動車会社が共同してできたGM（General Motors）もその発展に貢献している。自動車産業から始まった流れ作業は，人間性疎外の要因として問題視されたが，日本においても最近までもっとも経済的な生産方式として定着していた。

　さらに，電気などのエネルギーの発明により，生活家電の開発がめざましく，生活様式は刻々と変化し，常に新しい製品の開発が待たれた。このように「ものを作れば，必ず売れる」という経済成長の時代がイギリス・ヨーロッパからアメリカ，さらに日本などの国へ訪れた。鉄道や自動車に乗って経営学は普及し，家電によって経営学は大衆を巻き込んだともいえる。

　この産業革命の波は日本へも押し寄せ，家内工業からマスプロ生産へと発展した。現在の日本の大企業もこの時期に起業しており，その一例として，1918年に松下電気器具製作所（現：松下電器産業）が創立し，1928年にはアート商会浜松支店（現：ホンダ）が自動車修理工場のアート商会から独立している。1933年に豊田自動織機製作所自動車部（現：トヨタ），1946年には東京通信工業（現：ソニー）が創業している。

2　今後の生産管理の課題

(1)　需要の多様化

　産業革命後の新しい製品が供給されたり，戦争や経済成長の時期のモノ不足状況であったりすると，需要が供給を上回っているため，製品を作れば売れた。しかし，製品が消費者に行き渡って飽和状態となれば，消費者は製品の機能だけを求めるのではなく，製品の価値を機能以外にも見出し，需要の内容は刻々と変化するようになった。さらにメーカーが差別化した製品を提供するにしたがって，消費者の価値観も多様化していった。

(2)　製品ライフサイクルの短縮化

　技術革新の進展が著しいことに加え，消費者のニーズも多様化していることもあり，製品のライフサイクルが短くなっている。一，二年で新しいモデルが発売されることは珍しくなくなり，差別化した，便利で多様な製品をつぎつぎに提供することができなければ，

企業は，いずれ市場から退場することになる。

(3) 高品質・低価格

近年の消費者の品質への要求は厳しくなっており，多少価格が高くとも，高品質で消費者の価値観に合えば製品を購入することは珍しくない。しかし，品質，ブランド力が同程度である場合は，価格による競争となる。そこで高度になった技術力を十分に活用し，材料費，外注加工費，人件費，間接費などの生産コストを見直し，各部門のトータルなコストダウンを推進し，同じ機能をより安く提供できる材料や機構を開発しなければならない。生産は生産段階のみで検討されるものではなく，生産の前段階から検討し，消費者にどれだけ満足感を与えるかということまでを視野に入れ，品質管理の意識をもって行われるべきものである。

(4) 納期の短縮化

製品ライフサイクルの短縮化，および，多様化しているニーズに応じて，売れるときに売れるだけの製品を生産・販売しなければならない。そのためには，部品・製品の納期に求められる条件も厳しくなる。単に納期を守ることは簡単である。常に製品をストックしておけば，受注に迅速に対応できる。しかし，在庫はコスト発生の原因となるので，すべての製品を過剰にストックしておくことは企業経営に深刻な影響を及ぼすことにもなりうる。そこで，受注から納品までの時間を短縮するためのシステム構築が必然となる。競争が厳しいほど納期の短縮化が求められるが，確実に実現することができれば，企業の強い競争力となりうる。

3 中小企業の生産管理

生産のために必要な部品を外注する大企業を親会社にもつ中小企業には，下請け生産管理が必要となる。中小企業における生産形態は，注文による小ロット個別生産の多品種少量生産が求められることが多い。そのためには在庫管理を徹底して行い，納期を厳守し，競合との価格競争に勝たなければならない。しかし，中国の廉価な生産物は，価格競争において日本企業の脅威となっている。

これまで，親会社は製品のコストダウンのために部品を外注し，必要なときに必要な量，確かな部品を調達していたが，今後は大企業も自社の技術力補強のために精度の高い，特殊な部品の外注を中小企業に依頼することが予想される。そこで，中小企業のFA化，IT化に作業員の技術力を加えて，高精度な部品やニッチで高品質の製品を生産することが求められる。また，現在，それを実現している中小企業は世界の大企業を取引先として，躍進を始めている。

§5 生産活動と環境

1 生産と環境保全

工業化に伴って，発生した公害に対処するため，地球環境を守るために，つぎのようなさまざまな法律が制定された。

(1) 公害防止などの法令

公共用水域の水質を保全するために，公共下水道，流域下水道に接続する事業場の施設が対象となる下水道法が1958年に公布された。1968年には，大気汚染に関して人の健康の保護と生活環境の保全のために，煤煙・粉塵発生施設を対象として，大気汚染防止法を公布し，違反した場合には罰則が設けられた。

さらに，1970年には公共用水質および地下水の水質保全を図るために水質汚濁防止法，および，産業廃棄物処理施設，中間処理施設，最終処分場を対象として廃棄物の収集，運搬，処理，廃棄などに関して定めた廃棄物の処理及び清掃に関する法律が公布されている。

(2) 環境基本法

高度経済成長期は，大量生産・大量消費・大量廃棄型の社会であったが，現在は地球にやさしい循環型社会システムを導入し，法律や法令で，地球環境の保全について産業界，消費者，行政の責務や役割を定めている。生産した製品が廃棄されるときに地球汚染を引き起こしていては製品自体が公害の原因となるので，生産活動も法律などに準拠して行わなければ社会的評価は得られない。

循環型社会形成推進基本法に関する法律を示すと表1.6.1のとおりである。循環型社会の施策は，不要なモノの発生は抑制し，不要になったモノは再利用したり，再生利用するが，再生できないものは熱として利用し，その後適正に処分するというものである。

表1.6.1 循環型社会形成推進基本法

法 律	施行年	概 要
グリーン購入法	2001年4月	国などが率先して再生品などの調達を推進
食品リサイクル法	2001年6月	食品の製造・販売事業，レストランなどに，食品残さいの発生抑制やリサイクルなどを義務づけ
建設リサイクル法	2002年6月	建設工事の受注者などに，建築物などの分別解体や建設廃棄物のリサイクルなどを義務づけ
家電リサイクル法	2001年4月	家電製品の製造・販売事業者などに，廃家電製品の回収・リサイクルを義務づけ
容器包装リサイクル法	2000年4月	容器包装の製造・利用業者などに，分別収集された容器包装のリサイクルを義務づけ
資源有効利用促進法	2001年4月	ゴミの発生抑制，リユース，リサイクルを促進
廃棄物処理法	2001年4月	ゴミの発生抑制と適正なリサイクルや処理を確保

(富士総合研究所，株式会社日報ホームページより作成)

Let's Challenge !!

Q1 語群から適切な用語を選んで（　）に番号を記入して，つぎの文章を完成させなさい。

顧客が必要とする商品を必要なときに，必要な量を企業が提供することができれば，売れ残りや品切れのリスクは少なくなる。そこで，部品や原材料の供給者，製造業者，販売業者を情報ネットワークで結びつけて，現在の売れ筋商品の状況に応じて商品を供給できるようにしたのが（　）である。

【語群】
① リエンジニアリング　　② 情報ネットワークシステム
③ POSシステム　　　　　④ SCM
⑤ ADSL

Q2 つぎの文章を読んで，正しいものには○印を，誤っているものには×印を解答欄に記入しなさい。

① 100年の歴史のあるベルトコンベアをなくし，熟練の多能工が一台の製品をすべて一人で完成させる生産方式をセル生産方式という。
② ジャストインタイムの概念は，生産工程に生じるすべてのムダを排除する効率的なシステムであり，このシステムのことをホンダ生産方式という。
③ モデルチェンジが頻繁に生じる家電やOA機器の多品種少量生産に向いている生産方式は，一人の多能工が製品の組立の全工程を担当する屋台生産方式である。
④ オーダーメードスーツなどのように注文を受けたものだけを生産することを受注生産といい，家電や既製服のように生産者が企画したものを生産することを予測生産という。
⑤ 同じ製品を一度に大量に生産する方式を少品種大量生産という。

①	②	③	④	⑤

Q3 つぎの用語に最も関係の深いものを解答群からひとつ選び，記号を記入しなさい。

【用　語】	【解答群】
① 組立生産方式　（　）	ア　ベルトコンベア
② トヨタ生産方式（　）	イ　屋台生産方式
③ 廃棄物処理法　（　）	ウ　個別生産
④ 連続生産　　　（　）	エ　生産指示
⑤ 顧客満足　　　（　）	オ　見込生産
⑥ 日本工業規格　（　）	カ　JIT
⑦ 受注生産　　　（　）	キ　循環型社会形成推進基本法
⑧ かんばん方式　（　）	ク　CS
⑨ ライン生産方式（　）	ケ　JIS
⑩ 個人別生産方式（　）	コ　プロセス生産方式

第7章 日本企業のグローバル化

§1 日本的経営

1 日本企業の変遷

(1) 江戸・明治・大正時代

① 江戸時代（1603～1868年）

　幕府や藩の支配のもと，諸規制を遵守し，家業の永続を第一とする堅実な商家が増加した。商家は家訓などを作成して生活や商売の指針とした。

　流通が発展するにしたがって，専門とする商品を大量に仕入れ，大量に販売する専門商人が増え，問屋から仲買が仕入れて，仲買が小売に販売するシステムが確立した。問屋は以前からあったが，江戸時代に商いの大衆化が進み，薄利多売の専業問屋として，積荷問屋，米問屋，油問屋などに分化した。取引は掛売りを原則として，大福帳で管理した代金を半年分まとめて回収することが一般的であった。会計システムは店ごとにルールを取り決め，それにしたがって処理していた。

　財閥に成長する商店においては同族による企業形態がみられたが，江戸時代の商家は大

表 1.6.1　江戸・明治・大正時代に創業した企業の例

創業年	現在の企業名（創業時の会社名・創業者等）	創業年	現在の企業名（創業時の会社名・創業者等）
【江戸時代】		【明治・大正時代】	
1610	竹中工務店（竹中藤右衛門）	1869	丸善（丸屋商社・早矢仕有的）
1611	松坂屋（いとう呉服店）	1870	麒麟麦酒（スプリング・バレー・ブルワリー開設）
1630	キッコーマン（高梨兵左衛門）	1872	JR（日本工部省・日本初の鉄道，東海道本線新橋—横浜）
1637	月桂冠（大倉治右衛門）		
1662	東急百貨店日本橋店（小間物店白木屋）	1872	資生堂（日本初洋風調剤薬局・福原有信）
1673	三越（三井越後屋）	1875	東芝（田中製造所・田中久重）
1678	田辺製薬（田邊屋五兵衛）	1883	東京電力（東京電灯会社）
1717	大丸（呉服店八文字屋・下村彦右衛門兼雄）	1885	明治屋（MEIDI-YA・磯野計　欧米から直輸入）
1717	小野薬品工業（伏見屋市兵衛）	1887	花王（長瀬商店・長瀬富郎）
1765	エスエス製薬（漢薬本舗美濃屋・白井正助）	1887	カネボウ（東京綿商社）
1781	武田薬品工業（近江屋長兵衛）	1889	日本生命（有限責任日本生命保険会社）
1804	清水建設（大工　清水喜助）	1889	兼松（豪州貿易兼松房治郎商店・兼松房治郎）
1830	そごう（古着大和屋・十合伊兵衛）	1890	帝国ホテル（犬丸徹三）
1831	高島屋（古着木綿商たかしまや）	1892	大林組（大林芳五郎）
1840	鹿島建設（大工棟梁　鹿島岩吉）	1899	サントリー（鳥井商店・鳥井信治郎）
1847	久光製薬（小松屋・久光仁平）	1899	森永製菓（森永西洋菓子製造所・森永太一郎）
1858	伊藤忠丸紅（伊藤忠兵衛，近江麻布の行商）	1910	日立製作所（久原鉱業所日立鉱山付属修理工場）
1857	三菱重工長崎造船所（徳川幕府長崎鎔鉄所）	1916	明治製菓（東京菓子）
		1918	松下電器産業（松下電気器具製作所・松下幸之助）

（宇田川勝，中村青志編『マテリアル日本の経営史』有斐閣，各企業ホームページより作成）

半が個人商店であった。後に財閥のひとつとなる鴻池は，1600年頃に造り酒屋を創めて，清酒を江戸に送ることにより，江戸から大坂への送金のために為替商を営み，それを大名へ融資することで成長した最初の掛屋である。同じように財閥となる三井は呉服屋から，住友は薬屋・書籍商・銅吹き屋として商いをするとともに銅山を再生して，財閥の基礎を築いていった。この時代にも多くの企業が創業しており，その企業の一例が表1.7.1である。

一般の商家は，奉公人を雇わず家族だけで営んでいた。一方，大商家が雇う奉公人は丁稚奉公から始まった。将来，基幹的職務に就くためには幼年期（12～14歳）から奉公しなければならず，一定の年齢を超えてから奉公しても重要な職務は担当できなかった。奉公人は，丁稚・手代・番頭という職階があり，業績も加味されたが，原則として年功序列であった。手代の年季奉公が明けると，住み込みの奉公が終了して番頭となる。しかし，番頭として残ることができるのは全体の5～10％でしかなかった。

② 明治時代（1868～1912年）

明治に改まっても，産業の種類が大きく変化することはなかったが，1880年後半に会社設立ブームが到来し，全国各地で鉄道会社の設立も相次いだ。産業の中心は紡績業，織物業であり，動力織機の発明・完成により織物業は活性化した。1890年の恐慌で一時廃れ，95年以降再び収益性が高まった。

日本郵船が1885年に設立され，遠洋航路に進出したことや96年の航海奨励法の施行を契機に，外国航路に進出する企業の設立が続き，また，鉄工所や造船所の設立も続いた。この頃の商社は綿花の取引が盛況であり，商社の海外代理店や海外支店を設置する企業も増加した。明治時代も終わりに近づくと，新聞に商品の広告が掲載され，消費の大衆化が進んでいった。

国立銀行条例が1872年に公布され，その後，銀行や生命保険会社がつぎつぎと設立された。このように欧米と対等に国交を結ぶため，国際化に向けて法律や制度を整えると，新しい制度に基づいた企業の設立が相次いだ。さらに日清戦争を機に，外国企業の導入策が打ち出されたことにより，外資系企業の進出も盛んになった。

③ 大正時代（1912～26年）

テイラーの科学的管理法を導入する企業が日本でも増加し，生産の効率性について調査・研究が行われた。第一次大戦の軍需市場が活発化したことにより，造船や機械産業などの総合重工業を営む企業が航空機の製造にも乗り出し，需要の増加で工場は拡大した。工業分野の事業を拡張できた企業はコンツェルンとして成長した。

こうして，作れば売れるとはいうものの物価の高騰などによって，労働争議が頻繁になった。企業では，経営家族主義にしたがい，「従業員は企業という家族の一員だ」という考えのもと，職工の待遇を職員に近づけた。さらに割増手当や賞与の支給，昇給の定期化などを設けることによって，職工を引き止める策を講じた。

(2) 昭和時代（1926～89年）

① 1926～45年

1929年の世界大恐慌の影響から，日本でも30年には生糸恐慌が起こり，米価も暴落したことで農業恐慌となった。それは長期化し，恐慌前の状況に戻るまでには四，五年を要した。一方，自動車・航空機製造業は活発になり，1926年には豊田自動織機製作所が設立されるとともに，これまで輸入していたタイヤの製造も30年には日本製第一号のタイヤをブリヂストンが生産し，32年にはそのタイヤをアメリカへ輸出している。日本がキャッチアップ政策を展開し始めた時期といえる。時代の要請から重化学工業が脚光を浴びる反面，斜陽産業となったのが軽工業である。さまざまな軽工業企業は，重化学工業や総合繊維産業へと移行していった。

外貨獲得産業としての製糸業は振るわず，綿工業やレーヨン工業が成長した。輸入以上に輸出が増加したため諸外国の反発を受けた。また，昭和恐慌のためカルテルが強化され，企業の合併も盛んに行われ，財閥の傘下となる企業は急増した。

不足している労働者の争奪が起こり，熟練労働者の配置や移動の規制が強化されるとともに若年労働者の養成が急務となった。また，事務職や技術職も増加した。

② 1945～55年

日本は，1945年8月15日に終戦を迎え，米軍の占領政策によって，政治・経済のみならず，生活に至るまで大きな変化を強いられた。1947年に日本国憲法が施行され，また財閥は傘下企業に至るまで解体され，「私的独占の禁止および公正取引の確保に関する法律」も公布された。しかし，あまり時を経ないうちに，日本へ進出してくる外資企業への防衛策として，株式相互持合い，金融機関による系列融資，総合商社を中心とした集団内取引などの実施によって，企業集団は復活した。戦後のインフレが続き，「経済安定九原則」や「1ドル＝360円の為替レート」の実施に加えて朝鮮特需の効果もあって，日本経済は驚異的な復興を遂げた。1952年に国際通貨基金（IFM）に加盟した。

労働者の企業規模別平均賃金は，戦中・戦後，大幅に下がったことで標準化し，復興とともに大企業と中小企業の賃金格差が拡大した。労働組合はさまざまな法整備を背景として，活動が再び奨励されることになり，活発な活動を再開した。

③ 1956～69年

「もはや戦後ではない」という宣言のとおり，産業は大きく発達した。不景気を経験しながらも，神武景気・岩戸景気・オリンピック景気などを経て，日本のGNPは拡大し，1956年の国際連合への加盟，1964年の経済協力開発機構（OECD）への加盟，IMF8条国移行，さらに，税制優遇措置，低利融資などにより，開放経済体制を確立し，高度経済成長期へ突入した。産業構造が変化するなか，大衆消費社会が到来し，家電の三種の神器（白黒テレビ・冷蔵庫・洗濯機）や耐久消費財の3C（カラーテレビ・クーラー・車）が暮らしのなかに普及した。このような，敗戦後の日本の復興は世界から注目されるとともに，日

本企業の経営の特徴がアベグレンにより世界に紹介され，「日本的経営」が欧米でも認められるに至った。

④　1970〜89年

1973年金融の自由化が行われる（円の変動相場制へ移行）が，73年，79年のオイルショックにより，エネルギー・コストが上昇して経済への不安感が増大した。日本の技術や製品が世界に認められ始め，80年代には輸出大国となり，さらに貿易摩擦へと発展する。85年のプラザ合意により，円安から円高へと移行し，円高不況を招いた。

しかし，製造業の海外生産比率が増加し，日本製品は順調にシェアを拡大するが，低価格・高性能製品は国際競争力が強く，アメリカなどの非難を買うことになる。低価格を可能にする原価計算の真偽を問われ，働きすぎ（サービス残業）を各国から指摘されるに至り，労働時間の見直しが行われた。並行して，国内ではバブル景気が到来し，投機ブームに浮かれていた大企業ほど後年大きなツケを負うことになった。この20世紀最後の10年は「失われた10年」と呼ばれている。

(3)　平成時代（1989年〜）

バブル経済の崩壊による不況は深刻であった。追い討ちをかけるようにグローバルな企業間競争が激化した。日本企業がアメリカで生産した安価で高品質の製品を日本へ逆輸入していたが，近年製造コストの削減と広大な市場の獲得を目的として中国へ進出した日本企業の製品の逆輸入へと変化している。

さらに，IT技術の急激な浸透はグローバル化に拍車をかけ，地域や企業規模にかかわらない競争，国境や時差を越えた競争は特別なことではなくなっている。

2　集団主義

日本企業の変遷で概観したように，日本は伝統的主従関係で組織されており，藩の存続はもちろんのこと，一般の庶民まで家長制が浸透していた。こうした「家」の存在は一族の存在にかかわる重要なものとなり，経営家族主義の土壌ともなった。

日本企業が近代化を推進するなかで，企業システムに取り入れたのは，1950年頃，アメリカで問題となっていた人間性疎外の緩和対策として，自発性を尊重するために生産現場への権限委譲となる小集団活動をつうじたQC（Quality control）であった。従来から集団で職務を遂行することに慣れており，権限が委譲されることによってモチベーションも高まることから，これを倣った日本企業において小集団活動の定着・浸透には時間を必要としなかった。労働者が共に働き，共に改善するということは日本企業や労働者には受け入れやすいシステムであった。

企業経営において，アメリカは企業を「資産の集まり」として捉え，株主支配である。雇用についても，アメリカは流動的労働市場であるためレイオフが行いやすく，労働組合は職能別組合であり，従業員の教育も外部任せである。さらに，トップダウンの意思決定

にしたがって，個人の責任で職務を遂行するため，個人評価は行いやすく，短期的利益追求型が一般的である。

これに対して，日本企業は経営者支配による「人の集まり」として企業を捉え，株式の所有も法人株主が多く，株式の持ち合いは一般的である。また，労働市場は流動化の兆候があるとはいうものの，やはり閉鎖的であり，終身雇用を前提とした春の新規学卒者の一斉雇用がまだ一般的である。労働組合は企業内の労使協調のもとで運営され，従業員教育も企業内で行うことが多い。意思決定はボトムアップを可能にする稟議制を用い，職務遂行も課ごとに割り当てられる仕事を集団で協働する。

このように，日本企業は協働や信頼関係を重視しながら，集団主義に基づく意思決定や職務遂行が一般的な特徴とされ，企業への帰属意識はアメリカ企業よりも高い。

3　日本的経営の「三種の神器」

日本的経営の特徴として，長期雇用を保障する終身雇用制，年功序列に基づく賃金・人事制度，企業内労働組合があげられ，これらを日本的経営の「三種の神器」という。

(1)　長期雇用を保障する終身雇用制

企業が定めた退職年齢までの雇用を保障することを前提にした雇用制度を終身雇用制という。多能工が必要となった時代に，熟練従業員の定着を促進するために長期雇用が積極的に導入された。従業員が転職すれば，技術やノウハウの流出があるばかりでなく，企業内の技術力が低下するので，さらなる引き止め策として退職金制度が導入された。

退職金制度は日本企業独自の制度であり，雇用が流動化している欧米の企業において，このような制度はみられない。

(2)　継続勤務を推進する年功序列賃金・人事制度

一企業で経験を積むほど企業内における職務遂行能力が高くなることが予想されるため給与額が上昇し，勤続年数が長くなれば職位も上がる制度を年功序列制という。

経営者や従業員同士が長期間，同じ価値観のもとで働くことによって，企業への帰属意識が強められ，定期的に職位が上がることで勤労意欲をさらに高めることもできる。一定の期間で昇進させるため，職種をまたがる異動や通過儀礼に必要な集合教育を行い，勤続年数によって昇進できる人事システムであり，従業員はゼネラリストになることを求められ，養成された。

(3)　労使協調の企業内労働組合

ひとりの従業員の立場は弱いことから，雇用や生活の保障を得るために従業員が一丸となって従業員自身の権利を守るための労働組合を一企業内で形成している。労働争議があった場合には，組合を通じて解決する。しかし，企業内の協調的な労使関係の構築も組合の目的のひとつであり，日常の組合活動を通じて労使間のコミュニケーションを重視する集団主義が養成されることになった。

4 中小企業

1955年以降，重化学・機械産業が盛んになったため，限られた資金で経営しなければならない中小企業と資金の豊富な大企業の企業間格差は大きくなった。大企業の効率的な生産にとって，下請けとなる中小企業が不可欠であり，1963年に中小企業基本法，中小企業近代化促進法が制定されるとともに政府の税制や金融において優遇措置がとられた。さらに中小企業を保護するために，1974年に大店法（大規模小売店舗における小売業の事業活動の調整に関する法律），1977年には中小企業分野調整法が制定された。しかし，近年はあらゆる分野において規制緩和が進み，中小企業の経営は厳しさを強いられている。

§2 企業のグローバル化

1 輸出と現地生産

企業が存続・成長するために市場を海外にも求める場合，世界経済の事情によって企業の利益が左右される。また，輸出向け製品を生産する場合，国内向け製品の生産に加えて海外輸出製品の生産があれば，原材料などのスケールメリットが生じるだけでなく，生産のために労働力が必要となるので，雇用も創出できる。

ところが高品質の製品を過剰に輸出すると，製品の受け入れ国では自国の製品が売れないために製造業は不振となり，失業者も増加し，その結果，産業は空洞化する可能性も生じる。高品質の製品を安く販売する日本企業は，かつて輸出先で，貿易摩擦を引き起こすことが少なくなかった。貿易摩擦を解消するために，製品を輸出するのではなく，輸出先の地域に工場を移転し，移転先で原材料を調達し，現地の労働力を活用して労働集約型の生産活動を行う企業が増加した。

しかし，企業間競争がさらにグローバル化する昨今，ビジネスチャンスを獲得することがこれまで以上に難しくなっている。大きな市場に競争力の高い高品質の製品を適正な価格で提供し，コストをできる限り削減しなければ，企業が発展するどころか存続・維持することも難しい。しかし，安い労働費や大きな海外市場を求めて，容易に工場を海外移転するのは問題である。現地でのビジネスリスクが高くなるだけでなく，国内生産のスケールメリットがなくなり，雇用も保障することが不可能になる。効率のよい経営を行うためには，企業の機能や資源をどのように活用するかについて，具体的で明確に計画する必要がある。

2 グローバリゼーション

「グローバル化時代が到来している」とよくいわれる。IT技術がめざましく発達したことによって，企業の規模や所在地を問わない熾烈な競争を企業は強いられている。インターネットなどの通信技術を活用すれば，企業の規模にかかわらず，国境を越えて活動する

ことが容易になり，グローバル化は促進されている。企業の規模にかかわらず，低コストの地域から原材料を調達し，製品を最も必要とする，需要の多い，価格の高い地域で販売し，高利益を獲得することが目標になる。

企業が国際化する過程において，多国籍企業に成長する。多国籍企業は，経営資源を国際的に流動化して規模を拡大していくことを目的としているので，グローバル化時代の企業形態であることには間違いないが，真の意味でのグローバル企業とは異なる。グローバル企業とは，地球上の最も廉価な原材料などを用い，最も高額で購入する相手に製品を販売して利益を獲得する企業といえる。

各国の企業が海外で現地生産をするなか，日本企業への批判は多い。「現地人を経営スタッフに入れず，最新の技術を使わず，技術移転のスピードが遅い」ということである。企業戦略として，労働集約型をとっている場合は，このような現象が起こりやすいが，改善できるところから改善し，働きがいのある職場の実現をめざすべきである。また，価値観などの違いにより日本的慣行が理解できない場合や，文化・慣習・価値観に左右される労働観が異なる場合も少なくない。

また，グローバル化が進展するなかで，グローバル・スタンダードの普遍性が問われることがある。世界経済のけん引役であるアメリカのスタンダードが基準として捉えられる傾向があり，一国だけの都合で決められるものではない。

(1) ヒト（雇用）のグローバル化の影響

企業が海外進出する場合，最初は本国から社員を派遣して運営することになるため，本国の人事システムや報酬システムを用いることが一般的である。しかし，地域に根付いた企業として発展するためには現地での労働観が反映した人事・報酬システムを導入する必要がある。労働観は，文化や国民性，価値観に大きく依存するため，公平な標準的処遇をしていても受け入れられるとは限らない。まして日本企業は，暗黙の指示や察しの企業文化がある。明文化できないことを他国で要求することは難しいと考えなければならない。日本企業では当然のことと認識されている慣習も異文化からみると妥当でないこともあるので，注意が必要である。

さらに企業規模が拡大し，特定の国籍の従業員によらない場合には，企業が所在する地域色を残しながらも国民性に依存しない規則を掲げる必要がある。

現地派遣社員として，人材育成に必要なことは，関係する国の文化を翻訳する能力の育成と国籍に左右されない規範の養成である。また，現地においては企業が求める能力を明確に示し，その評価を明らかにしなければならない。企業が望む能力と評価の基準を明らかにしなければ，常に企業と従業員との間に認識のズレが生じることとなる。さらに，現地の労働者は技術やノウハウを身につけると条件のよい企業へジョブ・ホップすることも珍しくないので，その対策も必要である。

(2) モノ（生産）のグローバル化の影響

競争力の優位性を維持するためには，常に停滞することなく，「生活の便利」を提供できる新製品（財・サービス）の開発を永遠に続ける必要がある。しかし，ただ高品質の製品を生産すればそれでよいというのではなく，製品の品質保証基準を客観的な立場から保証するISO9000シリーズの認定を目指すことも有効である。国際的な基準を満たすことにより生産や製品の質の高さを示すだけでなく，企業の姿勢も表現されることになる。

また，単に生産効率のためだけに生産拠点を海外に移転するのではなく，独自の技術を用いた高品質製品を生産するために世界で最も効率的に原材料・部品を調達することが一般的になりつつある。IT化社会は原材料ごとに最適なサプライヤーと取引し，顧客からのオーダーには部品ごとに対応することを可能にしている。DELLコンピュータが業績を伸ばしたのは，まさにこのシステムを確立したことにある（第2部第4章参照）。

(3) カネ（財務）のグローバル化の影響

日本国内の財務会計は，企業会計基準に基づいて処理されているが，グローバル化する企業が増加するにしたがって，日本における会計処理と国際基準による会計処理のズレが顕著となっている。そこで，近年，国際会計との整合性を考慮して，商法改正などが行われている。さらに，コーポレートガバナンスが注目されることもあり，IR (investors relations) に力を入れる企業は増加傾向にある。

(4) 情報のグローバル化の影響

IT技術の発展は企業の業績に関する情報公開や企業の姿勢を示す広報活動に止まらず，商取引の形態に至るまで大きく変えている。インターネットなどを利用した電子決済を行う電子商取引 (electronic commerce) が，いつでも，どこでも，誰にでも容易に行えるようになった。無店舗販売は固定費コストを低減できることから，企業には利益率のアップをもたらし，顧客にとっては購入価格を抑えることができるメリットは大きい。しかし，情報漏洩による被害は予想を絶するものがあるので，保守には最善の対処が必要である。

今後，情報化が進展するにしたがって，グローバルな企業間競争にますます拍車がかかることになるが，国籍に依存しない，トラブルのない商取引を保証する規範づくりも忘れてはならない。

3　欧米の企業・アジアの企業

日本はキャッチアップする立場から，追われる立場になった。高度成長期にはアメリカ製品に遅れをとっていた日本製品であったが，起業家たちの夢と使命感に支えられて，今日では，高品質・高性能で世界的に高い信頼を得ている。日本企業は，よりよい製品をより安く提供するため，製品や部品は製造原価を抑えることのできるアジアで生産し，緻密な部品は国内の中小企業の技術を活用して低価格販売を実現してきた。

近年，品質は劣るものの，廉価な中国製品が市場を拡大している。社会主義市場経済を

標榜する中国企業が急激な経済成長を遂げている。また中国市場をターゲットとしたり，原材料や労働にかかるコストの低減を目的とする外資系企業が中国へ進出していることが，中国の経済成長に相乗効果をもたらしている。現在の中国製品は，技術力不足などから品質が保証されない製品も少なくないが，世界の人口の約5分の1を占め，長い歴史をもつ中国が世界経済において重要な地位を占めるのは時間の問題であるといわれている。

　日本は輸出大国であったが，近年，中国での現地生産に踏み切る日本企業も増加している。しかし，法整備が続いている中国において，労働集約型の独資企業や合弁企業を設立しても，さまざまな法律が頻繁に変更されたり，地域によって法令が異なっていたりすることから，事前調査が役に立たないことも少なくない。さらに，日本企業はリスク管理が得意でなかったり，中国の商慣習に疎かったりすることから，事業に成功することは難しい。

　欧米企業からのキャッチアップ時代が終わった現在の日本企業が生き残るための唯一の方法は，外資系企業が模倣できない新技術を独創性を発揮して常に開発し続けることである。たとえば，「VTR」（VHS）に取って替わるであろう「DVD」などがよい例といえる。

§3　企業の社会的責任

1　共生社会

　なんらかの使命を背負って活動している企業は，地域社会と共存共生している。企業は，利潤を追求する目的だけではなく，社会的な存在意義がなければならない。社会を豊かにするために，さらに便利な暮らしを実現するための物・サービスを企業が提供するということは当然の使命である。この企業活動から計上した利益を企業の存続と繁栄だけに活用するのではなく，地域社会に根ざした貢献を考える必要がある。

　企業の社会的責任（corporate social responsibility）が問われるようになって久しい。企業の社会的責任とは，多様なステークホルダー（株主，取引先企業，従業員，消費者，地域社会など）に対する企業責任のことである。たとえば，企業が拡大すると，地域の雇用が創出できる。製品が多量に売れ，利益が計上できれば，企業は税金を納め，地域社会の発展（治安や福祉など）に貢献できる。さらに，株主には資産を効果的に活用して利益を計上すること，従業員には雇用を保障すること，消費者には高品質な製品を適正価格で提供すること，地域社会には環境を保全することなどである。

2　地球環境の保護

　企業は，自己の資産や経営資源を活用して経営行動を行っている。地域の環境を無償ではないが，占有して使用し，生産した製品はいずれどこかに廃棄される。企業の活動や企業の生産した製品が，環境破壊を招かない，地球にやさしい企業であり，企業自身も積極

的に環境問題に関与していく必要がある（第2部第4章参照）。

ひとつのバロメータとして，企業環境の国際規格ともいえるISO14000シリーズ（1996年）がある。これは，環境マネジメントシステムの規格であり，どの業種（銀行，商社，デパート，外食産業，行政など）にも，どの製品にも適応している環境管理に関する規格である。ISO14000シリーズは地球環境に企業の環境側面がどのように影響を与えているかを調査し，地球に与える負荷を軽減するためのシステムを構築し，どのように実践しているかについて審査し，一定の基準以上であれば「規格に合格した」という認定を受けるものである。

3　社会貢献

今後は，地域社会へのボランティア活動などを促進し，企業が取り扱う製品などの歴史的資料を公開するなど，積極的に社会に貢献することが求められている。

(1)　フィランソロピー（philanthropy）

貧しい人への寄付や援助などで示す人類愛や慈善のことをフィランソロピーという。これは，企業の社会福祉活動だけでなく，社会貢献の総称として用いられる。以前はCI（corporate identity）ともいわれたが，企業イメージという捉えられ方をすることが多く，社会情勢とともにあまり用いられなくなった。

(2)　メセナ（Mecenat）

一般的に芸術や文化に対する企業支援活動をメセナという。語源はフランス語であり，古代ローマの政治家で文芸の擁護者であったG. Maecenasの名に由来している。これは，「芸術・文化の庇護」や「見返りを期待しない文化貢献活動」という意味があり，福祉の分野で使われることが多かった。企業がホールを建設したり，活動資金の援助をすることがある。本来は無償の援助を意味するが，企業の場合は直接的な利益を想定してはいないものの，企業の知名度や高感度をとおした売上アップが意図されていることは否めない。

(3)　企業の社会貢献度調査

1991年から，朝日新聞文化財団が実施している「企業の社会貢献度調査」は，製造業を営む企業がステークホルダーなどへの責任をどのように果たしているかを調査したものであり，毎年，優秀な企業を大賞や特別賞として表彰している。その指標は，企業が，①社員にやさしい，②ファミリー重視，③女性がはたらきやすい，④障害者雇用，⑤雇用の国際化，⑥消費者指向，⑦地域との共生，⑧社会支援，⑨環境保護，⑩情報公開，⑪企業倫理である。

真のグローバル企業とは，社会的責任を果たし，社会的貢献を行ったうえで，世界中の資源を活用して経費を節減し，適正に利潤を追求する企業といえよう。

Let's Challenge !!

Q1 つぎの文章の（　）に入る適切な用語を解答群のなかから選び，記号を記入しなさい。

日本的経営の特徴を称して（①　）というが，定年退職までの雇用を保障する制度を（②　），経験を積むほど職位や給与が上昇する制度を（③　）という。

【解答群】

ア　長期雇用制度　　イ　三種の神器　　ウ　定年退職制
エ　終身雇用制　　　オ　差別高賃金制度　カ　年功序列賃金制

Q2 つぎの用語に最も関係の深いものを解答群から選び，記号を記入しなさい。

【用　語】	【解答群】
①　社会貢献の総称　　（　）	ア　ISO9000シリーズ
②　企業支援活動　　　（　）	イ　ISO14000シリーズ
③　国際通貨基金　　　（　）	ウ　eコマース
④　経済協力開発機構　（　）	エ　IMF
⑤　環境保護基準　　　（　）	オ　OECD
⑥　品質保証基準　　　（　）	カ　メセナ
⑦　電子商取引　　　　（　）	キ　フィランソロピー

Q3 つぎの用語を簡潔に説明しなさい。

①　年功序列制

----

②　円高

----

③　小集団活動

----

④　稟議制度

----

⑤　フィランソロピー

第2部

マーケティング編

第1章　マーケティングの基本

§1　マーケティングと現代市場

1　現代市場

　商品やサービスを供給する側つまり売り手である生産者と，需要する側つまり買い手である消費者の間で売買取引が行われる場を市場という。また，市場には，売買業者が存在し，売り手である生産者と買い手である消費者を円滑に結びつける流通の役割を担っている。

　市場は，生産者，売買業者，消費者により構成されるが，現代市場の一般的な特徴として，商品市場の多くは，需要より供給が勝っている状況にある。そのため流通の過程において，多数の売り手が競合しており，買い手である消費者はそれだけ商品選択を自由にでき，売り手よりも有利な立場にあるといえる。このような市場を買い手市場という。

　買い手市場にあって，買い手の主体である消費者，特に最終消費者のニーズや購買行動といった動向を知ることは重要な意味がある。なぜなら，企業の生産や販売は，あくまでも消費を前提にして行われるからである。

2　現代市場における消費の動向

(1)　消費水準の平準化

経済が発展すると，各家計における所得が増加して，購買力の増大をもたらす。

　日本における国民一人当たりの消費支出する金額についても，戦後の復興期を過ぎ，昭和30年代〜40年代の高度経済成長を経て，先進諸国の仲間入りを果たしたとみられる。世帯の所得については，就業者の年齢別，産業別，職業別，地域別などさまざまな要因で格差が生じているが，全体としては，昭和30年代半ば以降より所得の格差は縮小して所得水準の平準化が認められるようになった（ただし，バブル崩壊後は再び所得格差が拡大する傾向にある）。

　また，テレビ・ラジオ・新聞・雑誌などのマスコミュニケーションの発達は，他人の行動様式を見聞することによって，それに影響されるデモンストレーション効果を促すこととなり，このような所得水準の平準化とデモンストレーション効果は，日本人の生活様式を同質化し，消費水準の平準化をもたらす要因になったといえる。

(2)　消費の多様化

　人は，他人が使っているから，楽しんでいるからという理由で自分も同様の消費を望む

という人並み意識を強くもつ。しかしながら，消費水準の平準化が進み，生活に余裕が生じると，同じような商品でも，より高級な商品へという高級化，他人とは異なった個性的な商品をもちたいという個性化という傾向が生まれ，結果として消費の多様化が進むことになる。

(3) 消費構造の変化

消費支出の内容を示す消費構造にも変化がみられる。消費支出は，食料費，光熱費，被服費など生活に不可欠な品目の支出である基礎的支出と，教養娯楽や耐久消費財などの任意，選択的である随意支出（選択的支出）に区分される。一般的に，所得水準の向上は，消費支出に占める基礎的支出の構成比を低下させ，随意支出の構成比を上昇させる。日本でも，消費支出に占める食料費の割合であるエンゲル係数が戦後継続的に低下する傾向にある。

また，企業の週休二日制の定着や家庭用電化製品の普及による家事労働の軽減によって，労働時間は短縮する傾向にあり，それに伴う余暇時間の増加は，教養や娯楽など，各種のサービスへの支出の割合を増加させている。

(4) 世帯数の増加と都市化

人口の増減も，需要に大きな影響を及ぼす要因である。日本の家族形態においては，核家族が支配的になり，子世帯，親世帯が同居するいわゆる大家族は減少している。さらに，女性の社会進出や人口の高齢化は核家族化をさらに進ませる要因となっており，核家族化現象によって，日本では人口増加率よりも世帯増加率のほうが大きく，一世帯当たりの人員は三人以下まで低下している状況にある。

また，人口の地域的な分布についてみてみると，地方圏から大都市または中核都市圏への人口移動によって，日本の人口の4分の3以上が都市部に居住するようになった。これを都市化現象という。

3 マーケティングとは

市場全体の生産が過剰傾向にあり，消費の多様化が進む現代社会において，各企業が厳

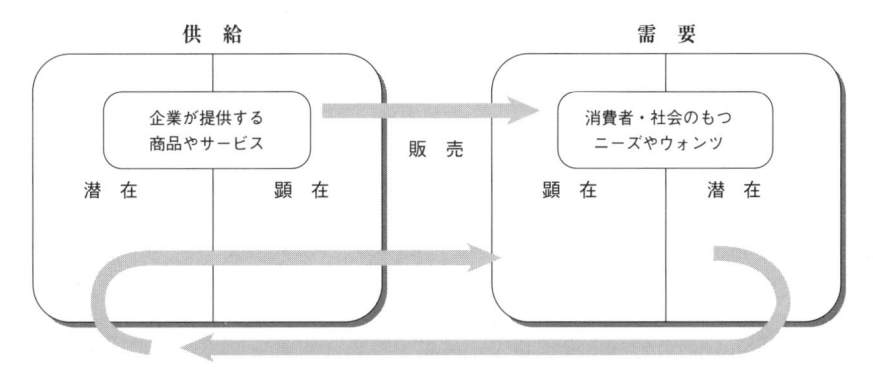

図 2.1.1 マーケティングと販売

しい競争に勝ち抜きながら，需要を確保することは簡単な問題ではない。このような状況において，企業が，消費者や競合企業の動向に適切に対応しながら，需要を喚起して，販売を実現し，顧客の満足を得る活動をマーケティングという。

「販売なくして事業なし」といわれるように，需要を確保するための販売は，企業にとってもっとも基本的な活動といえるが，単なる販売とマーケティングとは明確に分けて理解する必要がある。

需要には，市場ですでに存在している顕在需要と，何らかの理由により市場でまだ現実の需要となっていない潜在需要がある。このうち販売は，すでに市場に現われた顕在需要をもつ消費者だけを対象に，すでに用意された商品だけを提供する活動をいう。一方，マーケティングは，顕在需要だけでなく，まだ市場に現われていない潜在需要もその対象とするのが大きな違いである。

つまり，マーケティングとは，単なる販売の枠を超えて，消費者や社会がもっている潜在需要に積極的に働きかけることにより，需要を創造し，消費者や社会の充足を満たす活動といえる。

§2 マーケティングの発展

1 マーケティングの定義

マーケティングという概念について，唯一絶対の確立した定義というものは存在しない。これはマーケティングという定義が，研究者や経営者たちの視点によって多種多様に定義され，さらには経営環境の変化に伴い，その理念も変化し続けているからである。

そこで，マーケティングとは何かという概念を理解するために，はじめに，今日における一般的な定義の例として，日本マーケティング協会が1990年に公表したマーケティングの定義を以下に記すことにする。

「マーケティングとは，企業および他の組織[1]がグローバルな視野[2]に立ち，顧客[3]との相互理解を得ながら，公正な競争を通じて行う市場創造のための総合的な活動[4]である。」

注）(1) 教育・医療・行政などの機関，団体などを含む。
　　(2) 国内外の社会，文化，自然環境の重視。
　　(3) 一般消費者，取引先，関係する機関・個人，および地域住民を含む。
　　(4) 組織の内外に向けて統合・調整されたリサーチ・製品・価格・プロモーション・流通，および顧客・環境関係などに係わる諸活動をいう。

このように今日のマーケティングは，営利組織だけでなく非営利の社会組織を含むマーケティングの主体が，顧客との相互理解を図りながら，顧客のニーズやウォンツを満足させるような新しい社会的欲求を創造する活動であると定義できる。また，マーケティング活動は，経済活動だけに限定されず，社会活動，文化活動，自然環境への配慮まで，国内

外を問わず行われるということも理解できるだろう。

　今日におけるマーケティングの概念は，一般的に日本マーケティング協会の定義のように広範かつ包括的なものである。しかしながら，その概念が登場した当初は，マーケティングは，作ったものをどのようにして販売するかという販売の問題であった。

　それが，今日のような広範かつ包括的な概念に至るまでには，さまざまなマーケティング理念の歴史的な変遷がみられたことになる。

2　マーケティングの成立と発展

　マーケティングは，20世紀初頭にアメリカで発生し，第二次大戦後，日本やヨーロッパなどの資本主義国に普及し，現在では世界的に広がっている。

　マーケティング概念を歴史的に確認すると大きく二つに区分することができる。ひとつは，「生産したものをいかに売るか」という概念と，もうひとつは，「売れるものをいかに生産，販売するか」という概念である。

(1)　生産志向，販売志向

　1920年代のアメリカでは，南北戦争（1861〜65）後の産業資本の発展に伴い，社会全体の生産力が急速に高まっていたが，同時に急速に高まった生産力を前にして市場問題が深刻化していた。

　社会全体の生産力が低い段階では，販売は企業にとってあまり問題とはならず，それよりも，いかにして生産力を向上し，販売の機会に対応するかが重要な課題となる。このような生産を優先する理念を「生産志向」という。

　これに対して，1920年代のアメリカのように，社会全体の生産力が高まってくると，供給が市場の需要を上回り，「生産したものをいかに売るか」が重要視されるようになった。このような販売を優先する理念を「販売志向」という。

　販売志向に基づくマーケティングは，生産者が一方的に消費者に製品を売り込むことだけを目的とすることから高圧的マーケティングと呼ばれる。アメリカにおける当時のマーケティング活動といえば，セールスマン活動や広告活動といった販売促進活動として認知され，マーケティングの研究といえば，社会全体として生産者から消費者まで商品がいかに流れているかを明らかにするマクロな視点に立った社会経済的なマーケティングが中心であった。

(2)　顧客志向

　1929年の大恐慌に始まるアメリカの不景気は，市場の収縮を招き，ほとんどの企業が販売問題を深刻化させた。そして，このような不景気を打開し，販売問題を解決するために，需要を喚起することがマーケティングの目的として考えられるようになったわけである。

　こうして，アメリカの大恐慌を転機に，マーケティングの研究は，社会経済的なマーケ

ティングから，個々の企業が自社商品を消費者にいかに流すかというミクロな視点に立った個別企業的なマーケティングへ移行することとなり，「生産したものをいかに売るか」という概念から，「売れるものをいかに生産，販売するか」という市場の意向を重要視した概念へと大きく転換がなされた。このような消費者の利益を優先することにより，はじめて企業の利益を得ることができるという理念を「顧客志向」あるいは「消費者志向」という。

顧客志向に基づくマーケティングは，顧客の満たされないニーズを見出して，その充足により顧客の利益を図り，満足を得ることを目的とすることから，高圧的マーケティングに対して，低圧的マーケティングと呼ばれる。

また，このような顧客志向に基づきミクロな観点に立ち，個々の企業の目的に合わせて経営者の立場から全社的，総合的にマーケティング活動を行うことをマネジリアル・マーケティング（managerial marketing）という。通常，伝統的なマーケティングといえば，このマネジリアル・マーケティングを指す。

(3) 社会志向

顧客志向のマーケティングでは，消費者は常に正しく，その欲求を充足することが社会の利益であると考えられる。しかしながら，経済が発展し，企業活動が活発化するようになると，企業による消費者欲求の充足が必ずしも社会の利益とはならず，反対に，社会的な不利益が生じさせる場合が出てきた。

すなわち，企業活動による公害の発生，消費者の健康障害，欠陥商品，環境破壊，生産資源の浪費等の問題である。このような事態に直面して，企業に対し生活者としての消費者の権利を主張する思想が現われた。この思想はコンシューマリズム（consumerism）と呼ばれ，1962年にアメリカの故ケネディ大統領が議会のメッセージにおいて述べた「四つの消費者の権利」（①安全である権利，②知らされる権利，③選択できる権利，④意見を聞いてもらう権利）に代表される。

コンシューマリズムや企業批判などによって，社会において企業の社会的責任が強く認識されるようになると，企業は，顧客志向の限界を認識し，自然や社会全体に悪影響を及ぼすような場合は，社会的利益を優先するという理念をもつようになった。この理念を「社会志向」という。そして，この社会志向のもとソーシャル・マーケティングと呼ばれる新しいマーケティングが提唱されることとなった。

ソーシャル・マーケティング（social marketing）は，つぎのような二つの側面をもつ。

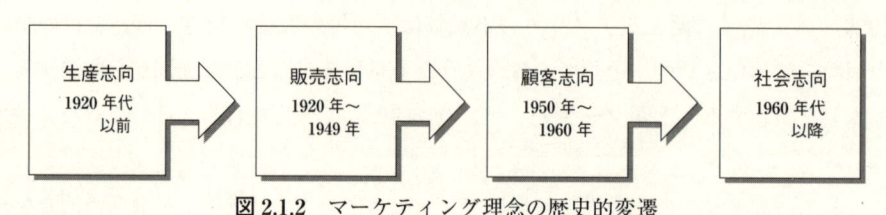

生産志向 1920年代以前 → 販売志向 1920年〜1949年 → 顧客志向 1950年〜1960年 → 社会志向 1960年代以降

図 2.1.2　マーケティング理念の歴史的変遷

ひとつは，従来，営利企業のみを対象としていたマーケティング活動を，学校や病院，各種の公共機関等の非営利組織にも適用していこうとする考え方である。もうひとつは，企業は，自己の利益のみを追求するだけでなく，社会的責任を強く認識し，社会的貢献や自然環境の保全も考慮しながらマーケティング活動を実施するという考え方である。

　ソーシャル・マーケティングでは，その対象を地域社会や国内といった範囲に限定する。しかしながら，企業の国際化が進展すると，世界的な視野からマーケティングを考える必要性が求められるようになった。今日では，ソーシャル・マーケティングを世界的な視野からとらえるグローバル・マーケティング（global marketing）という考え方も登場している。

§3　マーケティングの内容

1　マーケティングの内容

　マーケティングは，製造業者，流通業者，サービス業者など，だれがマーケティングを行うかによって内容が少しずつ異なってくるが，基本は同じであり，主として，つぎのような内容で構成される。

（1）　マーケティング調査

　消費者が，何を考え，どのようなニーズをもっているのか，あるいはライバル企業が，どのようなマーケティング活動を行っているのかなどを知るために調査を行い，マーケティング活動に必要な基礎資料を入手する活動である。

（2）　販売計画と仕入計画

　企業は，何をどれだけ販売するかという販売計画を立てる。売買業者の場合は，どのような商品を，だれから，どれだけ仕入れるかという仕入計画を立てる。また，仕入れた商品の在庫量などをチェックし，適切に管理，保管するために商品管理も行う。

（3）　製品計画

　製造業者は，需要にあった製品を生産するために，どのような製品を，いつ，どれだけ生産するかという製品計画を立てる。

（4）　流通経路

　最終消費者の手もとに，商品を円滑に届けるために，商品をどのような経路で流通させるかを決定する活動である。

（5）　販売価格

　生産した商品や仕入れた商品がいくらなら売れるかを決定する活動である。

（6）　プロモーション

　広告や販売員活動等を積極的に行うことによって，買い手の購買意欲を喚起し，販売を実現する活動である。

2 マーケティング戦略 (marketing strategy)

企業の製品計画・販売価格・流通経路・プロモーションといったマーケティングの諸活動を総合的に管理するために，トップマネジメントの視点に立ったマネジリアル・マーケティングが，第二次大戦後，展開されることとなった。しかし，マネジリアル・マーケティングが，製造から販売に至るまでの過程をマニュアル化することによってシステムとして完成度を高めたことは，システムの固定化，硬直化という新たな問題をもたらした。つまり，マニュアル化されたシステムは，短期的には有効であるが，長期的には変化する環境に対応できず効果的ではないという問題である。

特に，1970年代以降，個人の嗜好の多様化，個性化が常態化してくると，市場が細分化されると同時に，市場全体の変化もスピードを増し，企業の対応はどうしても分散的にならざるを得なかった。このように市場が細分化すると，購買欲求は多様化し，企業の限られた経営資源では，すべての市場に対応することはできない。

そこで，外部諸環境の状況を把握したうえで，細分化された市場のなかから，企業が訴求しようとする標的市場（マーケットターゲット）を決定し，標的市場ごとに経営資源を配分し，適合的なマーケティング活動を実施するマーケティング戦略が必要となったわけである。マーケティング戦略を設定するに当たっては，企業が目標市場の顧客ニーズを喚起，満足させるためのマーケティング諸活動の最適な組み合わせを考えなければならない。これをマーケティング・ミックスという。

マーケティング・ミックス（marketing mix）の構成要素としては，J. マッカーシーが提唱した4Ps，すなわち，製品（Product），価格（Price），流通経路（Place），プロモーション（Promotion）の4要素が一般的である。マーケティング・ミックスの組み合わせは無限にあり，その最適化を図ることは困難な作業であるので，消費者や競争者といった外部諸環境を絶えず把握しながら，マーケティング・ミックスの見直しを行う必要がある。

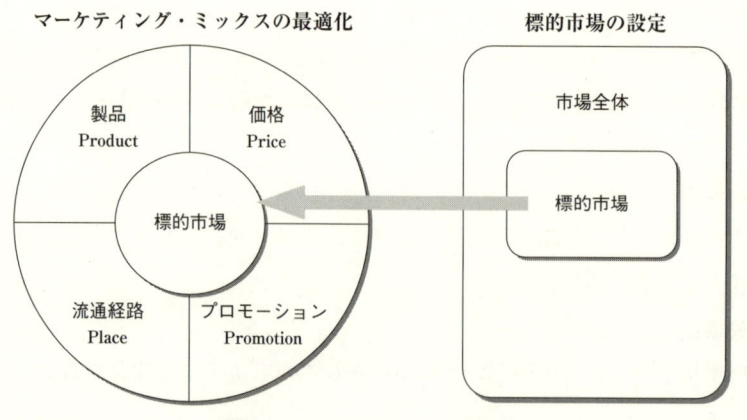

図 2.1.3 マーケティング戦略

§4 マーケティング管理

1 マーケティング管理

マーケティング管理とは，経営者が示す企業の目的や目標を基礎として，マーケティング諸活動に関して計画を立て，その業務の実施にあたって組織化し，計画とずれが生じないよう統制し，実施結果を評価・検討して，それを次期のマーケティング計画にフィードバックする一連の活動をいう。

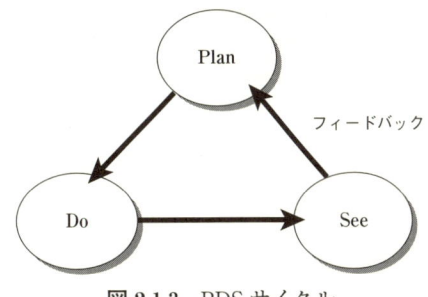

図 2.1.3 PDS サイクル

この一連の諸活動は，計画(Plan)－実施(Do)－統制(See) の頭文字をとって，PDSサイクルと呼ばれる。

2 マーケティング計画

マーケティング計画とは，一定期間におけるマーケティング活動の目標を設定し，目標達成のためのマーケティング戦略を策定することをいう。マーケティング計画は，期間の長短によって，長期計画（5年以上），中期計画（3～5年），短期計画（1年以内）に分類される。

長期計画や中期計画では，マーケティング・ミックスの開発など，経営者が示す目的や目標を踏まえたマーケティング戦略にかかわる計画が策定される。

短期計画は，長期計画や中期計画で立てられた計画を着実に達成するために，計画期間を年度ごと，半年ごと，3ヵ月ごとなどのように区切って策定される。短期計画では，通常は1年のマーケティング戦術の開発や，日常業務の遂行のために必要な諸活動が計画される。

3 マーケティング組織

マーケティング活動を実施するにあたっては，マーケティング目標を達成するために効率的なマーケティング組織が編成される必要がある。マーケティング組織は，マーケティングに関する経営としての意思決定，計画，実施，統制を統一的な立場から行う組織である。

マーケティング組織の代表的な形態としては，ライン・アンド・スタッフ組織，事業部制，プロダクトマネジャー制などがある（第1部第2章参照）。

このうち，プロダクトマネジャー制とは，製品ごとに管理責任をもつスタッフを設ける組織で，事業部制をさらに分割した組織形態である。このスタッフは，プロダクトマネジャーと呼ばれ，担当する製品の販売の動向，競争商品の動向，消費者や販売店の反応など

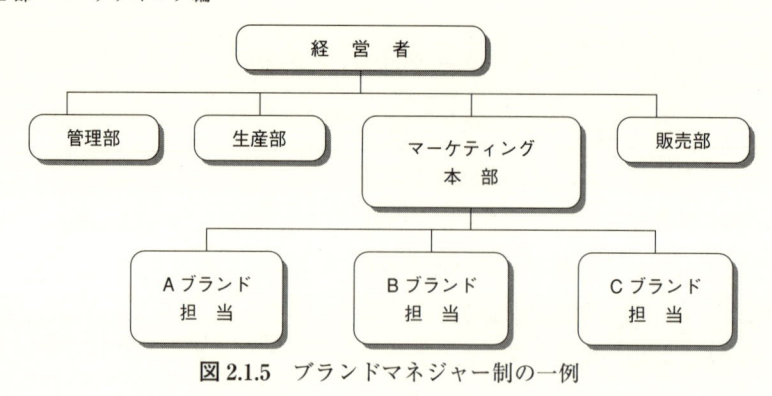

```
                    ┌─────────┐
                    │ 経 営 者 │
                    └────┬────┘
        ┌──────────┬─────┴──────┬──────────┐
    ┌───┴──┐   ┌──┴───┐   ┌────┴────┐  ┌──┴───┐
    │管理部│   │生産部│   │マーケティング│  │販売部│
    └──────┘   └──────┘   │  本  部  │  └──────┘
                          └────┬────┘
                 ┌─────────────┼─────────────┐
            ┌────┴────┐   ┌────┴────┐   ┌────┴────┐
            │Aブランド│   │Bブランド│   │Cブランド│
            │ 担  当  │   │ 担  当  │   │ 担  当  │
            └─────────┘   └─────────┘   └─────────┘
```

図2.1.5　ブランドマネジャー制の一例

市場情報を把握し，マーケティング計画を立案する責任をもつ。また，これらの市場情報は，製造・販売・広告などの諸部門に情報提供され，品質改善策などに役立てられることになる。また，今日では，ブランドごとに，ブランドマネジャーと呼ばれるスタッフをおく，プロダクトマネジャー制をさらに発展させたブランドマネジャー制という組織形態もみられる。

4　マーケティング統制

　マーケティング管理のプロセスの最終段階にあって，マーケティング計画によって設定された売上高や利益，マーケットシェアなどの達成状況を把握するために，マーケティング業績の結果を分析し，評価・検討することをマーケティング統制という。

　マーケティング統制は，実績と計画による予測値との差異分析を行い，差が生じた場合には，その原因を調査して適切な措置を施す。そして，その結果を次期のマーケティング計画に反映させる役割がある。

　マーケティング統制は，マーケティング活動全般だけでなく，製品別，地域別，顧客別，支店・営業所別，セールスマン別などについても行われる。

Let's Challenge !!

Q1　つぎの文中の（　）の部分にあてはまる用語を，解答群より選び，その記号を記入しなさい。

(1)　今日の市場は，取引に際して買い手が売り手よりも有利に立っている（①　　）市場である。経済の発展は，消費者の購買力の増大をもたらし，世帯の所得については，所得格差は縮小して（②　　）が認められるようになった。このような（②　　）とマスコミュニケーションの発達に基づく（③　　）によって，日本人の生活様式は同質化し，（④　　）をもたらす要因になった。さらに，（④　　）が進むと，消費者は商品に対して（⑤　　），（⑥　　）という傾向を持つようになり消費の（⑦　　）が進むことになる。

(2)　マーケティングは，20世紀初頭に（⑧　　）で発生した。発生当初のマーケティングの理念は，「生産したものをいかに売るか」という生産者の立場に立つ（⑨　　）に基づいたが，大恐慌を経て，「売れるものをいかに生産，販売するか」という消費者の意向を重

要視した（⑩　　）に転換がなされた。さらに，社会が企業によるさまざまな問題に直面するようになると，企業に対する生活者としての消費者の権利を主張する（⑪　　）と呼ばれる思想が生まれた。（⑪　　）や企業批判によって，社会における企業の社会的責任が強く認識されるようになると，企業は，（⑩　　）の限界を認識し，社会的利益を優先する（⑫　　）という理念をもつようになった。

【解答群】
ア　社会志向　　　イ　消費水準の平準化　　　ウ　売り手　　　エ　個性化
オ　所得水準の平準化　　カ　コンシューマリズム　　キ　消費志向　　ク　イギリス
ケ　販売指向　　コ　アメリカ　　サ　高級化　　シ　多様化　　ス　買い手
セ　デモンストレーション効果

Q2　つぎの説明に当てはまる用語を記入しなさい。
① 広告や販売活動を通じて，商品の需要を掘り起こして販売につなげる活動。
② 消費者のニーズやウォンツを知るための調査活動。
③ マーケティング諸活動の最適な組み合せ。
④ マーケティング諸活動の結果を分析し，評価・検討する活動。
⑤ 生産した商品や仕入れた商品がいくらなら売れるかを決定する活動
⑥ 消費者を中心とした生活本意の考え方や運動の基本理念。

①	②	③
④	⑤	⑥

第2章 マーケティング調査

§1 マーケティング調査の意味

1 マーケティング調査とは

　市場の細分化，消費の多様化，企業間競争の激化と激変する現代市場にあって，経験や勘に頼った経営だけでは，企業が成長し存続していくことは難しい。

　このような変化の激しい現代市場では，市場や消費者ニーズの実態を正確に把握することが，企業が需要を確保するためのマーケティングの出発点となる。市場や消費者ニーズの実態を正確に把握するためには，自社製品の売れ行き，ライバル企業の動向，消費者の反応，流通の対応，景気の変動など，さまざまな情報を収集し，それらを記録，分析して，その結果をマーケティングの意思決定に活用する必要がある。このようなマーケティングの意思決定に必要な基礎資料となる情報を入手する活動がマーケティング調査（市場調査）である。

　今日においては，マーケティング調査の発達に加えて，コンピュータ技術が大幅に向上した結果，さまざまな情報を収集・分析・加工することが容易になり，たとえば消費者の年齢や性別といった人口統計学的な情報だけでなく，購買パターンや価値観，生活意識といったライフサイクルまで把握することができるようになっている。こうした情報に加えて，企業側の情報やその企業を取り巻く環境の情報をもとに，顧客満足を実現し，顧客との長期的な関係を維持することをデータベース・マーケティングという。

　マーケティングの意思決定に必要とされる情報は，マーケティング活動を行うにあたって要求される情報と，マーケティング活動後に効果が測定され，つぎのマーケティングの意思決定に向けてフィードバックするための情報に大別できる。また，マーケットの規模やシェアなどを静態的に把握した情報と，消費者やライバル企業の動きや反応を動態的にとらえた情報とに区分できる。さらに，マーケティング調査の対象領域という観点からは，標的市場としての消費者調査，マーケティング・ミックスを構成する製品調査，価格調査，流通経路調査，プロモーション調査，そして経済，社会，文化など企業の外部環境についての情報に分けることもできる。

2 マーケティング調査の進め方

　マーケティング調査は，一般につぎのような手順で実施される。

　マーケティング調査の第一段階は，状況分析である。マーケティング調査を実施するに

```
マーケティング調査の
    必要性の発生
         ↓ ↓ ↓
      状況分析  →  一次データの分析 ─┬─ 内部資料の利用
                              └─ 外部資料の利用
         ↓
      調査目的や問題の明確化
         ↓
      略式調査  →  予備的な調査
         ↓
      仮説の設定
         ↓
      正式調査  →  調査計画の立案 ─┬─ 調査目標の設定
                             ├─ 調査対象の選定
                             ├─ 調査方法の決定
                             └─ 調査の時期・予算等の決定
             →  データの収集 ──── 一次データ
             →  データの集計・分析・解釈
             →  調査結果の報告 ─┬─ 報告書の作成
                           └─ プレゼンテーション
```

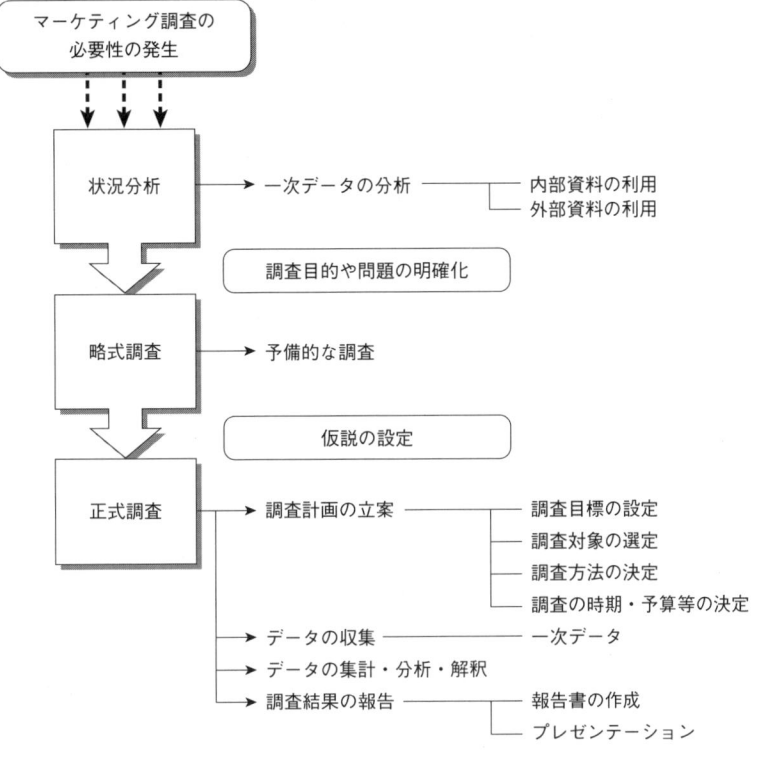

図 2.2.1 マーケティング調査の手順

あたっては，その目的に応じてさまざまな情報をデータとして収集・分析することになるわけだが，データには，既存資料である二次データと，必要に応じて新規に直接収集した一次データがある。状況分析は，二次データを用いて，問題の所在や原因，市場や業界の一般的な状況を分析し，調査目的の絞り込みや問題の明確化のために行われる活動である。二次データには，企業内部で入手できる内部資料と，企業外部から入手する外部資料がある。

　マーケティング調査の第二段階は，略式調査である。これは，マーケティング調査の最終段階である正式調査（本調査）に先立って行われる調査であり，企業内部の関係者，一部の取引先や消費者を対象に，予備的な調査を行う活動であり，事前調査とも呼ばれる。

　正式調査では，はじめに状況分析と略式調査の結果から選択された仮説をもとに調査目的を明らかにし，調査計画を立案する。調査計画では，調査目的の設定，調査対象の選定，調査方法の決定，調査時期・調査予算等の決定がなされる。調査計画立案後は，それに従って，本格的な調査を実施し，一次データを収集することになる。収集した一次データは，集計・分析を行い，調査目的に照らして解釈し，その調査結果を報告書にまとめ，経営者や関係者に配付するとともに，プレゼンテーション等を通じて説明を行い，実際の経営に役立てる。

§2 状況分析と略式調査

1 状況分析

(1) 内部資料の分析

　企業内部を源泉とする内部資料には，売上げ・仕入れ・在庫に関する帳票類や財務諸表，販売員や消費者窓口によせられるクレームや返品理由の報告などがある。これらの内部資料は，企業全体で利用できるように組織的に収集されたものであるが，そのままでは，状況分析に有効に活用できないので，そこに含まれている情報を目的に応じて加工する必要がある。

① 販売分析

　過去の販売実績を中心に，売上高をさまざまな角度から検討し，将来の販売実績を予測する分析方法である。売上高の記録を，商品別・期間別・地域別・販売員別・顧客別・販売方法別などに分類，検討することによって，販売や仕入れに関する有益な情報を得ることができる。

② 財務諸表分析

　貸借対照表や損益計算書といった財務諸表を用いて，自社の将来性，安全性，成長性などを総合的に判断するのが財務諸表分析である。他社や業界の数値と自社数値の比較も容易であり，また，従業員数や売場面積といった財務諸表以外の資料と組み合わせることによりさまざまな分析が可能である。ただし，財務諸表は過去の実績であるので，ある程度の将来性は予測できるが，的確な判断には限界がある(第1部第5章参照)。

③ クレーム分析

　顧客からよせられる返品やクレームは，これらを記録し，内容別・期間別・販売員別などに分析する必要がある。クレームや返品を単なる苦情処理としてとらえるのではなく，顧客が受けた不合理やダメージを，企業に対して改善というかたちで要求しているととらえることが重要であり，製品計画・仕入計画・プロモーション・流通経路などが有するさまざまな問題の改善に活用することができる。

(2) 外部資料の分析

　マーケティング調査に必要とされるデータが企業内部で入手できない場合は，企業外部に既存する外部資料を収集する。外部資料には，官公庁，金融機関，業界団体，広告代理店などが公表した各種の白書，統計資料，雑誌，業界紙などがある。また，民間の調査会社からは，ライバル企業の売上高，消費者の特性や傾向，広告評価，媒体接触度といった個々の企業では，時間，費用，技術的な問題から収集できないデータを入手することもできる。外部資料は，個々の企業のために作成された資料ではないが，マーケティング調査の目的に応じて収集・加工・分析すれば，有益な資料となる。

表 2.2.1 政府刊行の白書の例

白書名	著者	白書名	著者
国民生活白書	内閣府	文部科学白書	文部科学省
経済財政白書	財務省	政府開発援助白書	外務省
情報通信白書	総務省	環境白書	環境省
地方財政白書	総務省	防衛白書	防衛庁
厚生労働白書	厚生労働省	中小企業白書	中小企業庁
国土交通白書	国土交通省	森林・林業白書	林野庁
科学技術白書	文部科学省	公務員白書	人事院

2　略式調査

　状況分析によって，マーケティング調査の目的や問題点が明らかになれば，その実際的な裏付けを行うために正式調査の段階に先立って略式調査が行われる。略式調査は，企業内部の関係者や一部の取引先，消費者といった少量のサンプルに対して調査を実施するのが一般的である。なお，略式調査の調査対象とされる消費者は消費者モニターと呼ばれ，期限付きで企業から依頼を受け，企業の活動に消費者の立場から自由な意見を述べる役割を担うことになる。

　略式調査で調査内容の問題点や不備が明らかになった場合には，これを修正して正式調査に生かしていくことになる。略式調査を実施した段階で，当初の調査目的が達成・解決された場合には，時間や費用のかかる正式調査の実施は必要とされないことになる。

§3　正式調査

1　調査計画の立案

(1)　調査目標の設定

　正式調査には，時間や費用といった多くの経営資源が投入されることになるわけであるから，調査を意味のあるものにするために，「何のために，何を知るか」という明確な調査目標を設定する必要がある。そのためには，やみくもに何かを探り当てようとするのではなく，事前に状況分析や略式調査によって得たデータをもとに仮説を立て，それを検証するような具体的な調査計画の立案が求められる。

(2)　調査対象の選定

　調査目標が設定されれば，それに伴って調査対象の範囲が特定化される。このような調査対象の集まりは，母集団と呼ばれる。調査目標に沿った母集団は，たとえば消費者を対象にした場合，性別・年齢別・家族構成別・職業別・所得階層別・地域別など，さまざまな基準によって選定される。母集団が選定されると，つぎに母集団の全数を調査するのか，あるいはその一部を調査するのかを決定する必要がある。

① 全数調査

調査対象である母集団の全数を調べる方法を全数調査という。全数調査として有名な例としては，日本国内に居住するすべての人を対象にした「国勢調査」がある。マーケティング調査の領域においても，母集団それ自体が小さい場合には，全数調査は有効といえる。しかしながら，母集団がある程度の規模になると，全数調査の実施には，多くの時間と費用，作業の手間を要することになるので，ほとんどのマーケティング調査の場合，それらを大幅に節約できる標本調査が利用される。

② 標本調査

母集団のなかから，その母集団を代表するような一定のサンプルを選び出して，それに対する調査を行い，そこから得られたデータをもとに母集団全体を推定する方法を標本調査あるいはサンプル調査という。

標本調査を実施するに当たっては，どのような手法を用いて母集団からサンプルを抽出するかというサンプリングが重要となる。サンプリングには，多数の手法がある。それらは確率論に基づいたサンプリング（無作為抽出法）と，確率論に基づかないサンプリング（有意抽出法）の二つに大別することができる。有意抽出法は，母集団の特性をどれだけ正確に反映できるかということに問題はあるが，早急の調査結果を望む場合などによく利用される。

〔無作為抽出法〕

a 単純任意抽出法　母集団のなかの全調査対象に一連の番号をふり，必要なサンプル数だけを乱数表やくじ引きを用いることによって任意に抽出する方法である。

b 等間隔抽出法　通し番号をつけたサンプルから，スタートナンバーを乱数表やくじ引きによって決定し，あとは必要なサンプル数が得られるような間隔を計算し，その間隔でサンプルを抽出していく方法である。

c 層化抽出法　母集団を性別・年齢別・職業別などの特性によってあらかじめいくつかの層に分け，それらの各層から一定のサンプルを抽出する方法である。たとえば，母集団を年齢別に10代，20代，30代，40代という層に分け，それぞれの層からサンプ

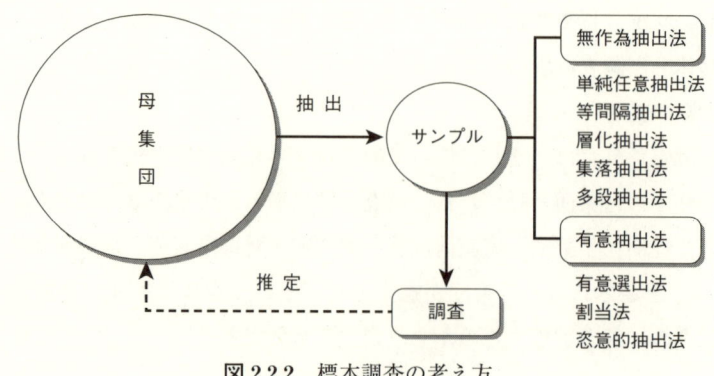

図 2.2.2　標本調査の考え方

ルを抽出するといったことが考えられる。
- d **集落抽出法** 調査の対象となる母集団をいくつかの小集団である集落に分け，各集落からサンプルを抽出する方法である。集落に分ける場合，各集落にはできるだけさまざまな調査対象を含むようにする。
- e **多段抽出法** 母集団が大きい場合には，単純任意抽出法や等間隔抽出法のように母集団全体に通し番号を付けることがほとんど不可能になる。そこで，母集団のなかから第一次サンプルを抽出し，さらにそのなかから第二次サンプルを抽出するといったように抽出作業を多段階にわたって行う方法である。

〔有意抽出法〕
- f **有意選出法** 調査目的に応じて，それに見合うと思われるなんらかの判断基準を主観的に決定し，その判断基準に適合するもののみをサンプルとして抽出する方法をいう。
- g **割当法** 母集団をいくつかの部分に分け，各部分の大きさの比率をあらかじめ外部情報などから理解し，抽出すべきサンプル数を各部分の大きさに応じて割り当て，サンプルを抽出する方法である。
- h **恣意的抽出法** 友人・知人・親戚・同僚といった人，あるいは街頭を歩いている人など，手近で調査しやすい人だけを対象とするサンプルの抽出方法である。

③ **調査方法の決定**

調査対象が特定化できれば，つぎに調査方法の決定を行う。調査方法には，質問法，観察法，実験法の三つに大別できる。これらの方法を動機調査，パネル調査というかたちをとって行うこともある。

a **質 問 法**

質問法は，マーケティング調査のなかでもっとも一般的に用いられる方法で，アンケート調査ともいわれる。あらかじめ調査票を作成し，調査対象者に質問し，回答を得る方法で，郵送法，電話法，面接法，留置法がある。各方法には，それぞれ長所と短所があるので，高い成果を得るために，通常はこれらの方法を組み合わせて調査を実施する。

- **郵送法** 調査対象者に調査票を郵送し，回答を記入，返送してもらいデータを収集する方法である。広範囲に比較的安い費用で調査を実施できるが，回答の回収率が低くなる欠点がある。
- **電話法** 調査対象者に調査員が電話をかけ，直接質問を行って，回答を得る方法である。調査範囲によっては安い費用で実施することができ，回答も即座に得られるが，時間的な制約と質問量が限定される。
- **面接法** 調査対象者に調査員が面接をしながら，適宜質問し，回答を調査票に記入する方法と，調査対象者に調査票を渡し，回答を記入してもらう方法がある。目的にあった質の高い回答が得られやすい反面，調査員の主観や技量に左右される。

表 2.2.2　各調査方法の特色

	質問量	費用	調査期間	回答率	調査対象物の提示
郵送法	やや多い	安い	非常に長い	低い	一部可能
電話法	少ない	安い	短い	高い	不可能
面接法	多い	非常に高い	長い	非常に高い	可能
留置法	やや多い	高い	長い	高い	一部可能
観察法	なし	非常に高い	非常に長い	非常に高い	可能
実験法	多い	非常に高い	非常に長い	非常に高い	可能

留置法　調査票を直接，あるいは郵送で調査対象者に届け，期限を設定して回答を依頼し，後日，調査員が訪問して調査票を回収する方法である。回収率が高く，時間的余裕があるので，かなりの質問が可能であるが，調査対象者以外の意見が入る可能性があり，回収のための費用も高くなる。

b　観察法

調査対象者の具体的な動きを目や写真の撮影によって観察し，記録して調査データを収集する方法である。たとえば，店内の平面図を用意しておき，顧客の動きを記入して，その顧客がどのような経路を通り，どの位置の陳列棚に注目したかを観察したり，道路において通行人や自動車の流れを観察したりする方法がこれである。

観察法は，調査員の主観が入りにくく，結果を客観的に把握できるが，行動を引き起こす動機など，調査対象者の内面的な部分は理解できない。

c　実験法

調査対象者に対して，試験的な方法で働きかけを行い，その結果を測定，評価しようとする調査である。他の条件を一定にし，ある条件だけを変化させた場合，どれだけの差異が結果に生じるかを測定することで，限定された状況下での特定のデータを入手することができる。しかし，条件設定が困難であり，多額の費用，時間，労力を必要とする。

d　動機調査

調査対象者の「なぜある商品を購入するのか」，「なぜそのような行動をとるのか」といった「なぜ」の部分について，調査対象者が意識していない心の動きを臨床心理学，精神分析学などを利用して明らかにする方法をいう。動機調査の代表的な方法としては，深層面接法，集団面接法，投影技法などがある。

深層面接法　調査員と調査対象者が一対一で一定時間にわたり面接を行う方法で，この時，調査員は一定の質問項目を決めておかないで，自由に調査対象者と会話し，適当にリードしながら，態度や意見を通じて調査対象者の深層を探ろうとするものである。

集団面接法　通常は六～八人ぐらいの調査対象者を集めて，調査員による司会のもと，特定のテーマについて自由に討論させる方法で，グループインタビューとも呼ばれ，他人の意見を聞くことで，新たな意見を思いついたり，一対一

では話しづらいことも比較的容易に話せたりする効果がある。

投影技法 調査対象者の欲求や態度，習性といった無意識的なものを，自身以外の人や物に投影させることで明らかにする方法である。代表的な方法として，一連の語句を与え，反射的に浮かんだ単語をあげさせる語句連想法，不完全あるいは未完成の文章を与えて，調査対象者に文章を完成させる文章完成法，マンガのなかで対話する二人のうち，一人の吹き出しを空欄にして，それを調査対象者に記入させる略画テスト（マンガ法）などがある。

e パネル調査

各種のマーケティング調査が，ある一定の時点における調査対象者のデータを把握するのに対し，同一の調査対象者に，一定期間，定期的に反復して特定事項について調査を行うのがパネル調査である。同一の調査対象者に，反復して調査を行うことにより，調査対象者の行動や考え方が時間の経過にしたがって，どのように変化し，そこにはどのような傾向があるかなどを検討できることがパネル調査の大きな特色である。

(4) 調査の時期・予算等の決定

調査方法が決定したなら，調査を実施するために必要な予算を確保し，調査をいつ実施するのか，担当者は誰にするのかを決定する。特に，担当者については，予算との関連を考えて自社で調査を実施するか，それとも外部の調査会社等に委託するのかを決める必要がある。

2 データの収集

正式調査の実施にあたって，調査責任者は調査計画に基づき，詳細なスケジュールを立て，調査全体の進行状況を把握・確認し，問題があれば改善を図りながらデータの収集を行う。このとき，回収された調査票はチェックし，不備，不正確な回答の補足，削除を行い有効回答だけを集計に回すようにする。

3 データの集計・分析・解釈

回収したデータは，コンピュータ等を利用して集計を行う。集計の方法は，個別の項目を集計した単純集計と複数の項目を組み合わせるクロス集計の二つに大別することができる。

集計したデータは，因果関係を見つけるために相関分析や，度数分析を行ったり，あるいは一定の時間的な経過による変化を明らかにするために時系列分析を行ったりする。このようにして得られた分析データは，その意味を調査目的に照らし合わせながら解釈し，仮説が正しかったかどうかを検証する。

表 2.2.3 単純集計とクロス集計の例

単純集計の例〈缶ビールについての嗜好〉

		大好き	やや好き	やや嫌い	大嫌い
合 計	1,000	200	350	300	150
	100.0%	20.0%	35.0%	30.0%	15.0%

クロス集計の例〈缶ビールについての嗜好〉

		大好き	やや好き	やや嫌い	大嫌い
合 計	1,000	200	350	300	150
	100.0%	20.0%	35.0%	30.0%	15.0%
男	460	125	220	80	35
	1	27.2%	47.8%	17.4%	7.6%
女	540	75	130	220	115
	1	13.9%	24.1%	40.7%	21.3%

注：数字は架空，全体の人数 1000 人，男子 460 人，女子 540 人。

4 調査結果の報告

　正式調査から得られたデータを分析・解釈した結果は，その内容を詳細に検討して報告書のかたちにまとめ，企業内部の誰もが有効に利用できるようにする。また，報告書は経営者や関係者に配付し，その内容を，プレゼンテーション等を通じて説明し，理解してもらう必要がある。

　調査結果については，報告が終わればそれで終了ということではなく，実際の経営に調査結果がどれぐらい生かされているか追跡して調査する必要がある。この追跡調査では，調査結果が正しかったかどうか，あるいはどの程度役立てられているか，再調査の必要性はないかなどを検討し，適切な対策を講じながら，調査結果をつぎのマーケティング調査に生かすことができるようにすることが重要である。

Let's Challenge !!

Q1 つぎの文中の（　　）の部分にあてはまる用語を，解答群より選び，その記号を記入しなさい。

　　マーケティング調査の第一段階は，（①　　）である。（①　　）は，調査目的や問題を明確化するために実施される。（①　　）に用いられる資料には，（②　　）から得られる資料と（③　　）から収集される資料がある。（②　　）の資料としては，（④　　），（⑤　　）などがある。（③　　）の資料としては，（⑥　　）や業界団体の刊行物などがある。このような既存資料の収集・分析から適切な結果が得られない場合には，新規情報を得るために（⑦　　）が実施されることになる。

　　（⑦　　）を実施するに前段階として，（⑧　　）が実施される。（⑧　　）は，企業内部の関係者や消費者といった少量のサンプルに対して実施される予備的な調査である。

　　（⑦　　）の実施にあたっては，はじめに，（⑨　　）として調査目的の設定，調査対象の選定，調査方法の決定，調査時期・調査予算等の決定がなされる。その後は，これらの

決定事項に従って，本格的な調査を実施し，(⑩　)を収集することになる。収集した(⑩　)は，集計・分析を行い，調査目的に照らして解釈し，その調査結果を報告書にまとめ，経営者や関係者に配付するとともに，(⑪　)を通じて説明を行い，実際の経営に役立てられることになる。

【解答群】
　ア　一次データ　　イ　略式調査　　ウ　売上帳・仕入帳　　エ　企業内部
　オ　二次データ　　カ　正式調査　　キ　調査計画　　ク　財務諸表　　ケ　企業外部
　コ　プレゼンテーション　　サ　状況分析　　シ　政府

Q2 つぎの説明に当てはまる用語を記入しなさい。
① 調査対象の一部を抽出して調査し，そこから全体を推定する方法。
② 調査対象者の心の動きを心理学，精神分析学などを利用して明らかにする方法。
③ 調査対象者の具体的な動きを目や写真の撮影によって観察し，記録して調査データを収集する方法。
④ 調査対象の全数を調査する方法。
⑤ 同一の調査対象者に，一定期間，定期的に反復して調査する方法。
⑥ 略式調査の調査対象とされる消費者。

①		②		③	
④		⑤		⑥	

第3章 販売計画と仕入計画

§1 販売計画

1 販売計画の意味

　販売活動は企業にとってもっとも中心的な活動といえる。なぜなら，製品計画，仕入計画，販売促進計画，設備計画，要員計画などの企業の諸活動は，すべて販売活動を前提に計画されるからである。

　このような販売活動を企業が合理的に行うためには，販売計画を立てる必要がある。販売計画とは，マーケティング計画のなかの中心的な計画のひとつで，外部資料・内部資料の分析結果から，将来の一定期間に，どの程度の販売が可能であるかを予測し，それをもとに売上目標高を決定する計画をいい，計画期間の長さによって，1年以内の短期販売計画と1年を超えての長期販売計画に分類される。

2 販売予測

　企業が存続・成長を図っていくためには，売上げを拡大していくことが必要不可欠である。だからといって達成が不可能な売上目標高を設定することは無意味といえる。そこで，売上目標高を設定するに当たっては，科学的な調査方法に基づいて，企業の将来売上高を，ある程度正確に予測する販売予測が重要となる。

　このように販売予測は，販売計画の出発点として位置づけられる。その代表的な方法としては，販売実績法，意見収集法，市場指数法などがあげられる。販売予測では，これらの方法を単独で用いるのではなく，いくつかの方法を組み合わせて併用することによって慎重に販売予測高を求めることが望ましい。

(1) 販売実績法

　企業の過去の販売実績を基準にして将来の売上高を予測するのが販売実績法である。販売実績法には，過去数年の販売実績から平均の増加率を計算し，これに前年度の売上高を乗じることで，今年度の売上予測高を算出する方法と，グラフに過去の売上高を表わし，その売上高の傾向をもっともよく示すような直線（傾向線）を引いて，これを延長することで今年度の売上予測高を求める方法がある。

　販売実績法は，売上高が将来にわたって同じ割合で増加するということを前提にしているので，安定的な市場には有効な方法であるが，変化の激しい市場については対応できないという問題がある。

計算による方法

売上高の平均増加率の計算　$(13,200 - 8,500) \div 8,500 \div 4\,年 = 0.138$

36期の販売予測高　　　　　$13,200 \times (1 + 0.138) \fallingdotseq 15,000\,(万円)$

グラフによる方法

売上高データをグラフに表わし，31期と35期のデータを結んでその延長戦上に36期のデータを読む。

売上高の過去5年間の推移

営業年度	売上高（万円）
31期	8,500
32期	9,400
33期	10,200
34期	12,100
35期	13,200

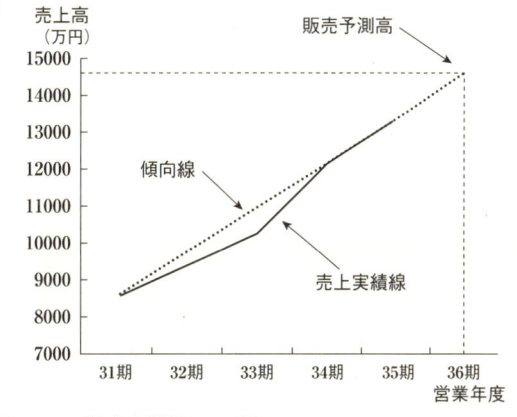

図 2.3.1　販売実績法の一例

上記の売上高データより，36期の売上高を予測する。

(2) **意見収集法**

この方法は，統計的な方法によらず，個々人の意見を聞いて，それに基づいて販売予測を行うものである。意見を聞く対象としては，実際に業務を担当している社内の上級経営者，第一線で直接販売活動を行っている販売員，消費者の三者をあげることができる。

この方法は，上級経営者の経験や判断，販売員の現場の意見，消費者の意向を重視することから，販売動向をおおまかに予測するのには適しているが，個々人の感情が販売予測のなかに入りやすく，全般的な経済情勢の動向が見落とされやすいという欠点をもつ。

(3) **市場指数法**

市場指数とは，各地域の全国に対する相対的，一般的な購買力を示す指数をいう。この市場指数を利用して，売上予測を行うのが市場指数法である。市場指数には，人口・世帯数・所得などいろいろな要素が用いられるが，一般的目的で使用できる市場指数としては，朝日新聞社の『民力』などがある。

市場指数法は，現状に即して販売予測を行えるが，販売に影響を与える市場指数は，商品ごとに異なり，またひとつの商品に対する市場指数がひとつとは限らず，どのような市場指数を組み合わせるかという問題がある。

3　販売計画の設定

(1) **売上目標高の決定**

販売予測によって得られた売上高は，あくまで客観的なデータに基づく予想数値であって，これがそのまま売上目標高になるわけではない。売上目標高は，販売予測で得られた

売上高をもとに，企業の内部データや外部データ，市場状況の推移などの諸条件を考慮しながら決定されるのがふつうである。

企業の売上げが増大すると，それに伴って企業の利益も多額になるので，売上目標高は大きいほどよいといえる。しかしながら，売上高を無制限に増加することは，資金上の制約や販売能力の限界からいって不可能である。そこで，売上目標高の決定に当たっては，達成可能な売上高が設定されなければならない。

一般的に，売上目標高は，販売予測による売上高よりも高く設定されることが多い。これは，売上目標高が企業の努力目標になるという側面をもつからである。

(2) **販売予算**

売上目標高が決定されたら，つぎに，これを達成するための販売予算が設定される。販売予算は，売上目標高を達成するために販売活動をどのように実現していくかを金額的に表わした売上高予算と，その売上高予算を実現するために必要な費用を金額で表わした費用予算からなる。

費用予算は，販売員の給料などからなる販売費予算，テレビ・新聞・雑誌などの広告費のための広告費予算，景品・実演・催し物など販売促進に要する販売促進費予算，商品の保管や配送のために要する保管費・配送費予算からなる。

(3) **販売割当**

企業の全体的な売上目標高が決定されたなら，その確実な達成のために，売上目標高を商品別，取引先別，季節別・月別，地域別，支店・営業所別に分け，さらに販売員ごとに割り当てを行う。これを販売割当という。

販売割当を行うことによって，つぎのような効果を得ることができる。

① 具体的な目標を示すことで，支店や営業所といった単位ごとのモチベーションや士気を高めるのに寄与する。
② 販売員個々の努力目標として，刺激を与えることができる。
③ 売上目標高と実績を比較することで，販売活動の状況を把握することができる。
④ 管理者側にとっては，業績の評価基準が提供されることになり，評価・統制が容易になる。

ただし，販売員の販売割当額については，各人の手腕や能力，過去の実績や市場の動向などを十分に考慮したうえで，各人にとって大きな負担とならないように慎重に決定する必要がある。

(4) **販売統制**

販売計画に基づき，販売活動が実施されたならば，つぎに販売計画によって決定された売上目標高と，販売活動による実績とを比較する。そして，そこに差異が生じたなら，どのような原因に由来するのか追及し，売上目標高を修正しなければならない。このような販売計画を達成させるために行われる統制活動を販売統制という。

§2　仕入計画

1　マーチャンダイジング

　マーチャンダイジング（merchandising）とは，企業が消費者の欲する商品を適切な価格で，適切な数量だけ，適切な時期に，適所に提供できるよう計画，管理する活動をいい，商品化計画ともいわれるマーケティング活動の一環である。

　マーチャンダイジングは，製造業と小売業や卸売業といった流通業者ではその内容を異にし，製造業にあっては，消費者のニーズにあった商品を製造・販売する一連の活動である製品計画を，流通業者にあっては，適切な商品の品揃えを行う仕入計画とその商品の適切な管理・保管を行う商品管理を意味する。

　ここでは，マーチャンダイジングのうち，流通業者，とりわけ小売業者を中心に仕入計画について学習する。

2　仕入計画の意味

　小売業者にとって仕入れは，第一に取り組むべき業務であるが，「じょうずに仕入れた商品は半ば売れたのも同然である」ということわざが示すように，仕入に対する姿勢は，「仕入れた商品を売る」という仕入優先の考え方ではなく，「売れる商品を仕入れる」という販売優先の考え方に立つ必要がある。

　そこで，仕入計画では，このような販売優先の考え方に立脚したうえで，仕入商品，仕入先，仕入数量，仕入時期，仕入条件などの決定を行う。

3　小売業における仕入計画の決定

(1)　仕入商品

　消費者は，さまざまなニーズをもっているので，どんなに優れた商品でも，それだけしか置いていない店では，消費者の購買に対する魅力は薄れてしまう。消費者は，商品の幅広い品揃えのなかから，自分の購買目的，購買動機，購買時点での経済状態，あるいは自己の好みやライフスタイルなどに適合する商品を選んで購入するので，消費者の多様なニーズに対応できるような商品を取り揃えることが，ストアロイアリティ（店舗への愛顧心）を高めるための基本となる。また，いくら消費者の満足が高くても，販売による利益が得られないようでは意味がないし，消費者の満足に加えて，利益を得ることのできる商品構成を考える必要である。

　小売業者の商品構成とは，商品ラインとアイテムの決定である。商品ラインの決定とは，たとえばスカート，セーター，ブラウス，コートなど同種類の商品をどこまでの幅で取り扱うかということで，アイテムの決定とは，個々の商品ラインにおけるスタイル・サイズ・色・ブランド・価格帯（プライスゾーン）などで分類した品目をどのくらいの深さ

表 2.3.1　商品に求められる三つの適合性

顧客適合性	機能性・耐久性・安全性・生活フィット性・経済性・情報性
市場適合性	収益性・価格適合性・低コスト性・保存性・運搬性・品揃えの的確性
社会適合性	ブランド性・ファッション性・流行性・環境性・安全性・社会的倫理性

で取り扱うかということである。つまり，商品構成とは，商品の幅と奥行きの深さの決定といえる。

商品構成の方法としては，つぎの三つの方向性が考えられる。

① 品揃えの幅を広く，奥行きも深くする。総合化といい，デパートやGMSなどの商品構成がこれに当たる。
② 品揃えの幅を広く，奥行きを浅くする。特殊化といい，コンビニエンスストアや小規模のスーパーマーケットなどの商品構成がこれに当たる。
③ 品揃えの幅を狭く，奥行きを深くする。特殊化のうち，特に専門化と呼ばれ，専門店の商品構成がこれに当たる。

商品には，消費者に喜ばれ，企業も利益を得て，社会的な意義もあることが求められる。

(2) 仕 入 先

実務においては，仕入先を，仕入れの都度設定するのではなく，特定の仕入先数社から商品を継続的に仕入れる取引を行うのが一般的である。これは，継続して取引を行うことによって，仕入先から優遇や支援といった便宜をはかってもらうことができるためである。しかしながら，仕入れの環境も変化していることから，仕入先についても定期的に検討を行い，仕入先の変更も考える必要がある。

仕入先の決定に当たっては，特定の仕入先数社との継続的取引のほかに，現在の仕入先諸企業に依存せず，取引先を開拓したり（仕入先開拓），ある特定の小規模企業に依頼して仕入先として育てあげたり（仕入先育成）というような方法もある。

一般的に，仕入先を決定する際の基準としては，品揃えの良さ，商品の品質，価格の妥当性，取引に付随するサービス，商品納入の迅速性・確実性，情報提供能力，決済条件などの要素があり，これらを総合的に勘案して判断する必要がある。

(3) 仕入数量

商品の仕入数量の決定には，大量仕入，当用仕入，共同仕入，集中仕入といった方法がある。

① 大量仕入

同一の種類の商品を一度に大量に仕入れる方法である。大量仕入では，数量割引や仕入諸費用の節減，将来の商品の値上がりによる価格変動の差益を得ることができるといった利点がある反面，過剰在庫，資金の固定化，金利・保管費用の増加，商品の値下がりや損傷といった欠点を有する。大量仕入は，同じ商品を大量に取り扱うチェーンストアなどが

行っている。

②　当用仕入

商品を販売の状況に応じて必要な量だけ少量ずつ仕入れる方法である。当用仕入では，大量仕入の欠点を回避することができるが，その反面，価格や仕入諸費用が割高になったり，在庫切れによって販売機会を失ったりする欠点がある。通常，一般の小売業が行っているのは，この当用仕入である。

③　共同仕入

独立した小・中規模の小売業者が互いに協力し，共同で同じ商品を仕入れることにより，チェーンストアなどの大規模な小売業者が行う大量仕入と同じ利点を得ようとするもので，協同組合やボランタリーチェーンなどで採用されている方法である。

④　集中仕入

これは，参加企業の仕入業務を一ヵ所に集中させる仕入集中機構を設置することで，参加企業に大量仕入によるメリットと，仕入業務からの解放による販売への集中，事務の簡略化といった利点をもたらす方法である。しかし，各参加企業が，個性的な品揃えに対応できないという欠点を有する。

(4)　仕入時期

仕入時期については，在庫数量に過不足が生じないように注意しなければならない。過剰在庫は，死に筋商品（売れ残り商品）の危険性を高め，反対に品切れや欠品が生じることは，売場のメンテナンスレベルが低いことの現われだからである。

製造段階や卸売段階で常時十分な在庫保有が保証されているような商品については，仕入時期を販売時期になるべく接近させることが在庫費用圧縮の観点から望ましいといえるが，相場変動が激しい商品については，価格の安い時期に仕入れることも必要である。また，流行性や季節性の高い商品については，消費時期や購買時期が特定期間に集中する傾向があることから，販売時期に入るまでに早期に商品の注文を行う。このとき，商品発注から入荷までの時期（リードタイム）を織り込んで発注することが重要である。そして，流行性や季節性の高い商品は，商品の売れ行きが急に鈍ることがあるので，仕入れの手じまいの時期についても慎重に検討しなければならない。

(5)　仕入条件

仕入先によって，商品の価格，受渡方法，代金の決済条件などの基本的な仕入条件は，およそ決まっている場合が多い。そうでない場合には，自社にとって有利な条件で仕入ができるよう仕入先との交渉に努める必要がある。

なお，代金の決済方法には，現金払いと，信用払い，そして，これらを組み合わせて行う方法がある。現金払いの場合には，決済条件として割引などが受けられやすい。これに対して，掛け払いや手形払いのような信用払いでは，商品代金の支払いを一定期間猶予してもらうことになり，資金繰りをよくすることが可能となる。

また，商品の運送によって生じる運送費を買い手が負担するのか，売り手が負担するのかという問題も，商品に占める運送費の割合が高い場合には，重要な仕入条件となる。

§3 商品管理

1 商品管理の意義

流通業者の中心的な活動である販売と仕入れを有機的かつ合理的に結びつける働きが商品管理である。商品管理は，販売と仕入の安定と調整を果たすものであり，品切れ，品揃え不足による販売機会の喪失，あるいは，過剰在庫による保管費用の増加，商品の品質の低下，陳腐化，価格変動の危険等を回避するために，適正な在庫高を維持することを目的とする。そのためには，適正な在庫高を算定し，仕入れから販売の流れを合理的に管理する在庫管理が必要となる。

さらに，在庫管理を有効に機能させるために，実際の商品の検収，出納，保管といった物的管理を適切に行うことが重要となる。

2 標準在庫高の算定

基準となる適正在庫高（標準在庫高という）を算定する方法としては，商品回転率を用いる方法および販売比率を用いる方法等がある。

(1) 商品回転率を用いる方法

商品回転率とは，商品の平均在庫高を一定期間内（通常1年間）に何回販売できるかという回転数をいい，在庫回転率とも呼ばれる。適正な商品回転率は，業種，業態，取扱商品によって異なるが，一般に，次式によって求められる。

$$商品回転率 = \frac{年間売上高（原価または売価）}{平均在庫高（原価または売価）}$$

平均在庫高は，期首棚卸高に各月の期末在庫高を加えて13で除す方法，簡便な方法として期首在庫高に期末在庫高を加えて2で除す方法等がある。

この式は，つぎのようにも表わせる。

$$平均在庫高 = \frac{年間売上高}{商品回転率}$$

したがって，販売計画で算出した年間売上目標高と自社の過去の実績や業界の平均的な数字によって決定した目標商品回転率を用いれば，標準在庫高を求めることができる。ただし，この方法では，季節ごとの売上げが異なる商品について，その季節における適正な標準在庫を表わさないという欠点がある。

$$標準在庫高 = \frac{年間売上目標高}{目標商品回転率}$$

(2) 在庫販売比率を用いる方法

在庫販売比率とは，一定期間の売上高に対するその一定期間のスタート時点における在庫高の割合をさしている。在庫販売比率は，一般に1ヵ月を単位に算定される。

$$在庫販売比率 = \frac{月初在庫高}{月間売上高}$$

この式は，つぎのようにも表わせる。

$$月初在庫高 = 在庫販売比率 \times 月間売上高$$

したがって，過去の資料や業界の資料による各月の在庫販売比率を基礎として，目標在庫販売比率を算定し，これに販売計画に基づく月間売上目標高を乗じれば，月初標準在庫高を求めることができる。季節による売上高の変動が大きい商品の場合には，商品回転率を用いる方法よりも有用である。

$$標準在庫高 = 月間売上目標高 \times その月の目標在庫販売比率$$

3 在庫管理の方法

実際の在庫高を把握する方法には，実地棚卸による方法と記録による方法がある。

(1) 実地棚卸による方法

実際に在庫商品を数えることによって，棚卸実施時点での正確な在庫量を把握する方法である。しかしながら，商品の種類や数量が多い場合には，手間がかかり頻繁に実施することは困難である。

(2) 記録による方法

仕入帳・仕入伝票・売上帳・売上伝票・商品有高帳・商品台帳等の各種帳簿を用いて，商品の仕入高，売上高，在庫高を金額ベース（原価または売価），数量ベース，あるいは両方で記録する方法である。記録された帳簿から算定された帳簿在庫高は，標準在庫高と比較しながら，適正な在庫高になるよう管理される。

しかしながら，記録による方法は，商品の滅失や損傷による減価を実際に把握することができない。そこで，定期的に実地棚卸を実施し，在庫量の残高に相違が生じた場合には，記録による残高を実地棚卸による残高に修正し，その原因を調査して，必要な対策を講じる必要がある。

(3) POSシステム

POS（Point of sales：販売時点情報管理）システムとは，店頭での販売時点において，あらかじめ商品につけられたバーコード（日本の流通業で共同に利用されているコードとして，JANコードがある）をPOSターミナルと呼ばれるレジスターのスキャナで読み取り，ストアコントローラでコンピュータ処理し，売上合計を求めて，入金処理とレシートの発行を行う一方で，即時に各種の販売情報を引き出せるシステムをいう。

POSシステムは，全国小売業店舗の60％以上に導入され，コンビニエンスストア業界

図 2.3.2　POS の図

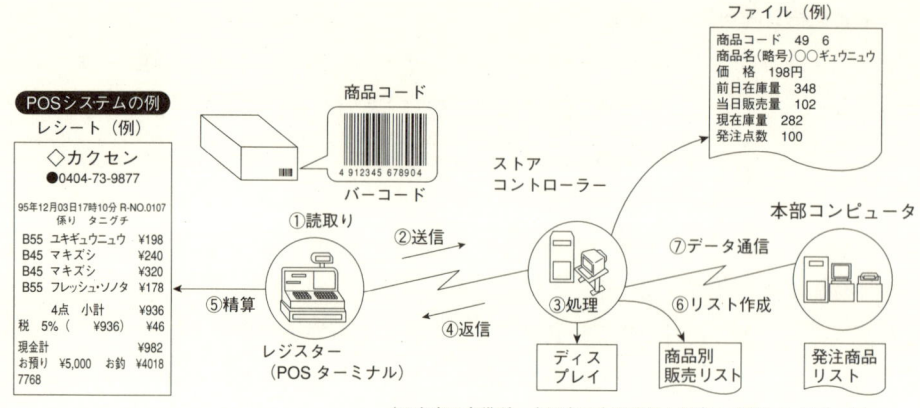

(日本商工会議所・全国商工会議所編：販売士試験ハンドブック)

図 2.3.3　バーコードの図

出所：図 2.3.2 と同じ。

やスーパーマーケット業界では90％以上の普及がみられるとのデータもあり，いまや流通業者にとって欠かせないツールとなっている。

POSシステムの目的は，単品管理に基づく適切な在庫管理であり，死に筋商品（デッドストック）をなくし，売れ筋商品の品切れによる損失を減らすことが可能となる。

4　物的管理

在庫管理を適切に行っていたとしても，商品の出納や保管を十分に行わなければ，在庫商品の損傷や滅失，入出庫商品の数量違い，品違い等により，在庫不足や在庫過多に陥る危険性がある。

商品が仕入先から到着したときには，検収を徹底する必要がある。検収とは，納品書や注文書の控えと，到着した商品を実際に照合して，品違いや数量違い，損傷がないことを確認する作業である。

検収した商品は，値札をつけて，売り場に陳列するか，商品棚や倉庫に保管する。とくに，保管した商品については，入出庫が容易に行えるように配慮する必要がある。

Let's Challenge !!

Q1 つぎの文中の（　）の部分にあてはまる用語を，解答群より選び，その記号を記入しなさい。

(1) 販売計画の立案にあたっては，はじめに，企業の将来売上高をある程度正確に予測する（①　）が重要となる。（①　）によって得られた売上高をもとに，企業の内部データや外部データ，市場状況の推移などの諸条件を考慮しながら決定されるの（②　）である。（②　）が決定されたなら，それを商品別・取引先別・月別，地域別，あるいは販売員等に割り当てる（③　）を行う。

(2) 企業が消費者の欲する商品を適切な価格で，適切な数量だけ，適切な時期に，適所に提供できるようにする活動を（④　）という。流通業者による（④　）は，適切な商品の品揃えを行う（⑤　）とその商品の適切な管理・保管を行う（⑥　）を意味する。
　（⑤　）では，（⑦　）の考え方に立脚したうえで，仕入商品，（⑧　），仕入数量，仕入時期，（⑨　）などの決定を行う。

(3) （⑥　）では，販売と仕入れの安定と調整を果たすために，（⑩　）を維持することを目的とする。そのためには，（⑩　）を算定し，仕入れから販売の流れを合理的に管理する（⑪　）が必要となる。さらに，実際の商品の検収，出納，保管といった（⑫　）を適切に行うことが重要となる。

【解答群】
ア　在庫管理　　イ　仕入計画　　ウ　販売統制　　エ　ストアロイヤリティ
オ　販売予測　　カ　仕入優先　　キ　販売割当　　ク　適正な在庫
ケ　仕入条件　　コ　商品管理　　サ　物的管理　　シ　売上目標高
ス　仕入先　　　セ　マーチャンダイジング　　ソ　販売優先

Q2 つぎの説明に当てはまる用語を記入しなさい。
① 商品発注から入荷までの時期。
② 商品の平均在庫高を，一定期間内に何回販売できるかという指標。
③ 個々人の意見を聞いて，それに基づいて販売予測を行う方法。
④ 販売計画を達成させるために行われる統制活動。
⑤ 販売時点情報管理システム。
⑥ 商品を販売の状況に応じて必要な量だけ少量ずつ仕入れる方法。

①	②	③
④	⑤	⑥

第4章 製品計画

§1 製品計画の意義

1 製品計画とは

　企業によるマーケティング活動は，「生産したものをいかに売るか」ではなく，「売れるものをいかに生産・販売するか」という発想で実施される。製品計画は，このような発想に基づいて，絶えず変化する市場環境のなかで，消費者のニーズやウォンツを正しくとらえ，充足させる適切な製品づくりを行うメーカーの諸活動をいう。

　製品計画は，個々の製品を対象としてなされる製品開発および製品政策と，企業が取り扱っている製品全体の構成を検討する製品ミックス（広義の意味では製品政策に含まれる）に大別することができる。

2 製品の概念

　消費者が製品を購入する目的は，物的な製品自体を購入することにあるのではなく，その製品を消費することによって何らかの便益を得ることにある。現代社会においては，消費者が製品に求める便益は単一のものではなく，多様化してきている。

　製品計画を実施するにあたり，コトラーは，製品の概念について製品を五つのレベルに分け多元的に考える必要性を指摘している。コトラーによる製品の概念（トータルプロダクト概念と呼ばれる）はつぎのとおりである。

　製品の第一のレベルは中核ベネフィットで，これは消費者が製品を購入する際に実質的に求めている製品のもっとも基本的な便益を指す。たとえば，消費者が洗濯機を購入するということは，洗濯機自体が欲しいのではなくて，洗濯機を使用することで，「衣料をきれいに洗濯する」という便益を求めているということである。第二のレベルは基本製品であり，製品自体が基本的に有している機能，性能，形を指す。第三のレベルは期待製品であり，消費者が製品購入に先立って，製品に期待する属性と条件の組合せを指す。第四のレベルは，拡張製品であり，消費者の製

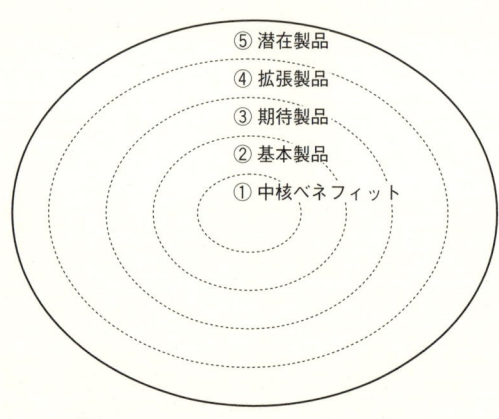

図 2.4.1 コトラーによる製品の概念

① 中核ベネフィット
② 基本製品
③ 期待製品
④ 拡張製品
⑤ 潜在製品

品に対する期待を上回る属性と条件の組合せをいい，点検，修理，アフターサービス，配送などの付加的なサービスを指す。第五のレベルは潜在製品であり，将来製品に新たに付加される可能性がある属性や条件を指す。

消費の多様化が進展するなかで，消費者は実質的な便益から拡張的な便益まで，多様な価値観で製品を評価するようになってきている。したがって，製品計画にあたっては，提供する製品が単一的な構造ではなく多元的な構造を有するものとして捉える必要がある。

§2 製品開発

1 製品開発の内容

製品計画は，大別すると新製品の開発，既存製品の改良，既存製品の新用途の発見に分けられる。

(1) 新製品の開発

企業が成長，発展を維持していくために，企業にとって新製品の開発は不可欠な活動である。市場にこれまで全く存在しない新しい製品を投入し，それが市場で受け入れられれば，同業者に先駆けて市場をリードすることができ，そこから多大な利益を得ることが可能だからである。

新製品の開発は，つぎのようないくつかの段階に分けて考えることができる。

① アイディアの収集

アイディアは，できるだけ幅広く社内外から収集し検討する必要がある。消費者モニター，クレーム調査，科学者，セールスマン，販売店，関係諸団体，社外の研究調査機関などがアイディアの源泉となる可能性がある。新製品開発の方向性としては，消費者のニーズやウォンツを出発点とするか，技術や研究を出発点とするかが考えられ，前者をシーズ型の開発，後者をニーズ型の開発という。

② スクリーニング

第二段階として，幅広く収集したアイディアを，開発期間・開発コスト・製品価格・市場規模といった客観的な基準で評価し，絞り込んでいくスクリーニングを行う。

③ 製品コンセプトの策定

第三段階として，アイディアによる製品がどの市場をターゲットにし，どのように利用されるかを具体化する製品コンセプトを明確にしていく必要がある。通常は，いくつかのコンセプトを，ターゲットとなる適切な消費者グループに提示し，反応を調べることで，最良のものを選定する。

④ 事業経済性の分析

第四段階として，選定して製品コンセプトを基に，マーケティング・ミックスを構築し，売上目標高や予算などを設定し，その経済性を検討する。

アイディアの収集 → スクリーニング → 製品コンセプトの策定 → 事業経済性の分析 → 試作品開発 → テストマーケティング → 市場導入

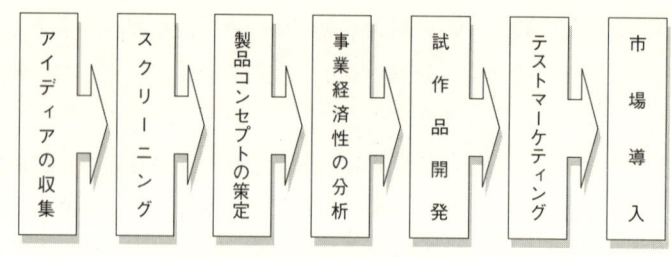

図 2.4.2　新製品開発のプロセス

⑤ 試作品開発

　第五段階として，経済性分析によって，製品コンセプトが一定の経済性を満たすものであると確認されれば，研究開発部門によって試作品が作成され，製品のテストが繰り返される。

⑥ テストマーケティング

　第六段階として，出来上がった試作品を，実際の市場で販売し，消費者や販売業者の反応を調査する。

⑦ 市場導入

　最終段階として，テストマーケティングの結果を受けて，製品が市場に受容される可能性が高いと判断されれば，市場導入に向けて，そのタイミング，ターゲット市場，販売方法などを最終決定し，製品を市場に導入することになる。

(2) 既存製品の改良と新用途の発見

　多くの製品が普及している現代市場において，市場にこれまで全く存在しない新しい製品を投入することは簡単なことではない。そこで，既存製品の改良や新用途の発見が企業にとって重要となってくる。

　既存製品の改良とは，既存製品の機能，品質，サイズ，デザインなどの向上や変更を行うことで，消費者の満足を高め，新しい需要を開拓することができる。

　新用途の発見とは，既存製品について，これまでの用途とは違う，別の新しい用途を発見し，消費者に情報を伝達することで，市場の開拓を図るものである。

2　製品開発の要素

　製品を購入する消費者が求める満足は，単なる製品自体の機能・品質に留まらず，製品のデザイン・サイズ・ブランド・ネーミング・包装・表示などの諸要素に大きく影響を受ける。そこで，製品開発にあたっては，これらの製品を構成する各要素を十分に検討しなければならない。

(1) 機能・品質

　製品は，消費者のニーズを満たす機能をもつ必要がある。消費者が製品を購入するのは，製品が有する機能を期待しているからである。たとえば，ドライヤーは「髪を乾か

す」という，カメラは「写真を撮る」という機能をもっていなければ製品としては成り立たない。

こうした製品の機能を発揮させるための要素が品質である。品質の内容は，製品の種類によって多岐にわたり，性能・成分・耐久性・安全性といった客観的に把握できる要素と匂い・風味・手触り・光沢などのような主観的な要素がある。

製品がもっている機能がより高い品質で得られることによって，消費者はより高い満足を得ることができる。しかしながら，品質向上の結果として消費者が購入できないような高価格となるようでは意味がない。そこで，消費者が値ごろ感を感じるような品質と価格のバランスが要求されることになる。

(2) デザイン（意匠）

製品の機能を実現するために，適切な形状・材質・模様・色彩のデザインが施される。これがデザインの基本であるが，製品の市場性を考えた場合には，いかに消費者を引きつける美しさや魅力をもったデザインであるかが重要となる。

優れたデザインの製品は，企業にとって有力な差別化の手段となる。そこで，デザインの開発にあたっては，機能性，美しさ，経済性という異なる要素を有機的に統合して，消費者にとって，使いやすく，見て美しく，購入しやすい製品を提供することが求められる。

なお，優れたデザインは企業にとって無形の資産であるから他者がこれを勝手に模倣することを防ぐ必要がある。デザインの法的な保護としては，意匠法による意匠登録制度がある。意匠登録を受けることができれば，デザインを排他的・独占的に製品に利用する権利が得られる。

また，優秀なデザインの奨励のために，通商産業省（現在は財団法人日本産業デザイン振興会に移管）ではグッドデザイン選定制度（Gマーク制度）を設けている。これは，用途・機能性があり，独創的かつ量産可能で，材料を生かし，一定水準の価格で美的価値のある製品を選定し，その製品にGマークをつけて販売することを許可するものである。

(3) サ イ ズ

製品の大きさのことである。サイズの方向性としては，小型化，大型化，あるいはサイズのバラエティの多さ，フリーサイズ（サイズの調整可能）などが考えられる。消費者のニーズ，製造コスト，製造技術などを考慮しつつ，最大多数の消費者の満足が得られるような製品のサイズの構成を検討する必要がある。

(4) ブランド（商標）

① ブランドの有用性

ブランド（商標）は，メーカーや流通業者が自社製品と他社のそれをはっきりと区別するための名称，用語，記号，標識，デザイン，あるいはそれらを組合せたものであると定義できる。法的には，商標法で保護されており，ブランドを登録することによって，その

ブランド（登録商標）を他人が使用することを停止し，損害賠償請求などの措置を講じることができるようになる。

企業はブランドによって，製品の識別，出所・責任の所在の明確化，品質保証，高級感・信頼感といった特定イメージなどの情報価値を消費者に提供する。ブランドを強く主張して他社製品との差別化を明確にできれば，消費者の愛顧（ブランドロイヤリティ）を得て反復した購買が期待でき，固有の市場を確立することも可能となる。

② ブランドの分類

同一企業の製品のブランドであっても，製品グループやアイテムによって，複数のブランドを使い分ける場合がある。製品グループに共通したブランド名をカテゴリーブランドあるいはファミリーブランドと呼び，個々の製品にブランド名をつける場合をアイテムブランドと呼ぶ。また，同一企業が製品すべてに同じブランドをつけている場合があり，これをコーポレートブランドと呼ぶ。

ブランドは，ブランドの所有者がメーカーであるか，流通業者であるかによっても分類がなされる。一般的には，ブランドはメーカーによって設定されることが多く，こうしたブランドをナショナルブランド（NB）と呼ぶ。しかしながら，大手小売業など流通業者が，メーカーに対して自らの意志と責任で主体的に製品を企画・生産させ，販売するケースが散見するようになってきている。このような流通業者が設定するブランドをプライベートブランド（PB）と呼ぶ。なお，メーカーと流通業者の双方が製品にブランドを併記する形式もあり，これはダブルブランド（ダブルチョップ）と呼ばれている。

(5) ネーミング

製品に呼び名をつけることをネーミングという。一般的なネーミングの条件としては，製品との関連性，親しみやすさ，覚えやすさ，発音のしやすさ，ユニークさなどが求められる。ネーミングが成功すれば，競合企業が市場参入してきても，市場において自社のネーミングが商品の代名詞的に使用されることにより，かなり有利に競争を進めることができることになる。

(6) 包装（パッケージング）

包装の役割には，①製品の破損，汚損などからの保護，②輸送，保管，使用に際しての取扱いの利便性の向上，③売りやすく買いやすい販売単位の形成，④販売を促進する機能，⑤消費者に対する製品の特性や品質の保証などの適切な情報伝達の手段などがある。

包装は，製品本体を入れる容器で製品の価値を高める個装，この個装を，水・湿気・光熱・衝撃などの外部圧力から守る内装，荷印やレッテルを施して，輸送や保管のために梱包する外装に大別できる。

(7) 表　示

製品には，ブランド・名称・品質・容量・サイズ・取扱い方法・生産者名・所在地・製造年月日などの各種情報が，ラベルやタグに印刷され製品に添付されたり，包装材に印刷

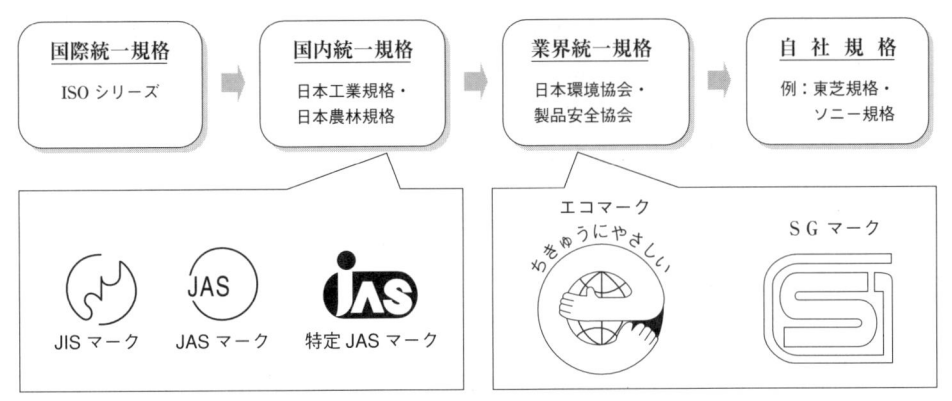

図2.4.3 規格とマーク制度

されたりする形で表示してある。こうした表示は，家庭用品品質表示法や食品衛生法，薬事法，消費生活用製品安全法などの各種法律において義務づけられたり，業界団体の自主的な基準によったりしている。

また，表示全般の問題として，不当景品類および不当表示防止法（景品表示法）では，消費者が事実を誤認するような不当表示を禁止し，表示の適正化を図っている。

製品によっては，消費者に一定水準の品質のよい製品を安心して購入してもらえるように，特定の基準に沿った規格化が行われている。こうした規格制度には，日本工業規格（JIS）や日本農林規格（JAS）などがあり，規格に適合した製品を消費者に明確にするためにJISマークやJASマークといった規格適合表示がなされる。なお，規格制度には，JISやJASのほかに，企業における社内標準・製品規格，業界団体の標準規格や国際標準化機構（ISO）による品質管理に関する国際規格（ISO9000シリーズ）がある。民間業界団体においても，できるだけわかりやすい製品情報を提供するために各種のマーク（日本環境協会のエコマークや製品安全協会のSGマークなど）が定められている（第1部第7章参照）。

§3 製品政策と製品ミックス

1 製品政策

製品政策とは，一定の技術的・原価的な制約のもとで，消費者のニーズに適合した製品を開発し，市場の動向や製品ライフサイクルの推移に対応しながら，個々の製品を準備する諸活動をいう。製品政策の方法としては，製品標準化政策，製品差別化政策，製品多様化政策の三つが考えられる。

(1) 製品標準化政策

製品標準化政策とは，製品の機能，サイズ，デザインなどを一定にし，製品の

	低コスト重視	顧客ニーズ重視
市場全体を標的	製品標準化政策	製品差別化政策 製品多様化政策
特定市場を標的	焦点・標準化政策	焦点・差別化政策 焦点・多様化政策

図2.4.4 製品政策の類型

品質を一定に保ち，効率的に市場に提供する政策である。この政策をとれば，個々の製品のアイテム数が限定され，消費者の選択の幅は狭まるが，大量生産によって，他社よりも低い製造コストを実現することで，価格競争で優位に立つことができ，製品のアイテム数が少ないことから品質管理も容易に行うことが可能となる。

(2) 製品差別化政策

競合企業にない特徴ないし特異性を自社製品にもたせることで，競合企業よりも優位に立とうとする政策を製品差別化政策という。たとえば，競合する他社製品に比べて，性能や耐久性の面において優れているとか，高いブランドイメージを有しているとか，あるいは付加的サービスがあるといったことである。こうした差別化を強調するためには，通常，研究開発費や広告宣伝費といったコストがかかる。その意味では，製品標準化政策とは相反する政策となる。

(3) 製品多様化政策

製品標準化政策とは反対に，製品の機能，サイズ，デザインなどを豊富にすることで，製品アイテム数を増やし，異なるニーズやウォンツをもつ個々の消費者にできるだけ対応していこうとする政策であり，大量販売が望めない分，製造コストは割高になる傾向がある。この政策では，消費者のニーズやウォンツの違いを踏まえて市場をいくつかに細分化し，そこに個々の製品アイテムを対応させていくことになるが，どの程度まで対応していくか（市場全体をターゲットにするか特定の細分化された市場だけをターゲットとするか）は十分に検討する必要がある。

2 製品政策と製品ライフサイクル

それぞれの製品政策がいつ採用されるかを製品ライフサイクル論から考えるとつぎのようになる。

製品の導入期においては，消費者のニーズを探求しながら，製品のもつ特徴を強調する製品差別化政策がとられる。成長期においては，他社製品との競争が激化し，価格競争が展開されることから，製品標準化政策がとられる。成熟期においては，市場が飽和状態になり，消費者のニーズが多様化する。そこで，製品多様化政策や製品差別化政策がとられることになる。

3 製品ミックス

企業が市場に提供する商品全体の構成を最適化する組合せを製品ミックスという。製品ミックスは，製品の幅と奥行き（深さ）から構成される。

製品の幅は企業が取り扱う製品ライン（製品系列）の数によって測られ，製品の奥行きは，各製品ライン内の色合・サイズ・型・価格などによる製品アイテム（品揃え）の数で示される。競争力のない既存製品や不採算の既存製品を削減し，代わりに新製品を追加す

製品ライン	製品アイテム			
スナック	ポテト系	豆系	コーン系	米・小麦系
チョコレート	板チョコ	一口タイプ	スナックチョコ	子供向けチョコ
ガ　ム	風船ガム	フルーツ味ガム	口腔清涼ガム	刺激ガム
キャンデー	ドロップ	グミ	キャラメル	のど飴

図 2.4.5　製品ミックスの例

ることで理想とされる最適な製品ミックスの実現が図られることになる。

§4　製品計画にかかわる企業の社会的責任

1　製品の安全性

製品が欠陥などによって，消費者の生命，身体，健康に危害を及ぼすことのないように注意することは企業にとってもっとも基本的なことであり，こうした製品の危害防止のための法制度は数多くある。たとえば，食品については食品衛生法，医薬品や化粧品については薬事法，一般生活用品には消費生活製品安全法，家庭用電気器具については電気用品取締法などがあげられる。

しかしながら，法制度があるにもかかわらず，各種の薬害事件，不良家電による火災・事故の発生，品質管理の不十分による食中毒，シックハウス症候群など，欠陥商品による消費者被害は後を絶たない。

このような現状を受けて，1995年7月，製造物責任法（PL法）が施行されることとなった。この法律では，製品に欠陥があり，そのために被害が発生した場合には，メーカーが損害賠償責任を負うルールを定めている。当たり前のことのようであるが，この法律が試行される以前の日本では，製品に欠陥があっただけでは足らず，欠陥を生じさせたことについてメーカーに不注意があったことを被害者が証明しなければ損害賠償は認められないルール（過失責任主義）であった。PL法では，欠陥があれば，メーカーに過失がなくとも損害賠償責任を負わせることができる無過失責任のルールを導入し，ここに買い手である消費者を保護し，売り手であるメーカーに責任を負わせる制度が確立された。

2　環境問題への配慮

地球規模の環境破壊が問題になっている今日において，企業の環境に対する責任はますます増大してきており，企業経営において環境問題はもはや無視することのできない問題となっている。

日本では，再生資源利用促進法（旧リサイクル法）が改正され，2001年4月より資源の有効な利用の促進に関する法律（新リサイクル法）が施行されている。

新リサイクル法は，企業が回収した製品などを再利用するリサイクル（Recycle）と，廃棄物の発生を抑制するリデュース（Reduce），製品や部品などを再使用するリユース（Reuse）の三つのRを基本としており，使用後の廃棄量が多い製品について，省資源・長寿命化の設計・製造，修理体制の充実などを企業に義務づけ，また，部品等の再使用が容易な製品設計・製造，使用済み製品から取り出した部品の再使用なども定めている。さらに，製造過程で生じる副産物の利用を促進し，計画的にリサイクルを行うことも義務づけている。

環境問題に対する企業の自主的な動きも，活発化してきている。たとえば，多くの企業が，国際規格であるISO14000シリーズ（環境管理・環境規格）の取得に向けた取組みを行っている。また，環境報告書を発行する企業も毎年増えている（第1部第7章参照）。

こうした環境に配慮した製品計画は，ブランドを構築し，消費者の支持獲得につながることになる。なぜなら，消費者のなかには，環境に配慮した製品を選択して購買するグリーンコンシューマーと呼ばれる消費者が存在し，その割合は近年ますます増加する傾向にあるからである。

Let's Challenge !!

Q1 つぎの文の空欄にあてはまる用語を下記の解答群から選びなさい。

(1) 製品計画は，大別すると新製品の開発，（①　），（②　）に分けられる。一般的な新製品開発のプロセスとしては，最初に（③　）を収集し，つぎにそれを絞り込んでいく（④　）を行い，そうして絞り込んだ（③　）による製品がどの市場をターゲットにし，どのように利用されるかを具体化する（⑤　）を考えていく。こうして考えられた製品の（⑥　）が満たされるようであるならば，（⑦　）を作成し，実際に販売して消費者の反応を調査し，その結果をもとに（⑧　）を検討することになる。

(2) 一定の技術的・原価的な制約のもとで，消費者のニーズに適合した製品を開発し，市場の動向や（⑨　）の推移に対応しながら，製品を準備する諸活動を（⑩　）という。（⑩　）の方法としては，（⑪　）政策，差別化政策，（⑫　）政策の三つが考えられる。（⑨　）論における成長期においては，他社製品との競争が激化し，価格競争が展開されることから，（⑪　）がとられる。

【解答群】
ア　多様化　　　イ　市場導入　　ウ　製品ライフサイクル　　エ　経済性
オ　アイディア　カ　新用途の発見　キ　試作品　　ク　製品コンセプト
ケ　標準化　　　コ　既存製品の改良　サ　製品政策　シ　スクリーニング

Q2 つぎの文にあてはまる用語を記入しなさい。

① 製品に欠陥があり，そのために被害が発生した場合には，メーカーが損害賠償責任を負うルールを定めている法律の名称。
② 環境に配慮した製品を選択して購買する消費者。
③ 企業が市場に提供する商品全体の構成を最適化する組合せ。
④ 消費者が事実を誤認するような不当表示を禁止し，表示の適正化を図ることを目的とする法律の名称。

第 4 章 製品計画　131

⑤　メーカーと流通業者の双方のブランドを併記するブランド。
⑥　製品本体を入れる容器で製品の価値を高めるパッケージング。
⑦　製品を五つのレベルに分けて多元的に捉える概念。
⑧　3R。

①		②		③	
④		⑤		⑥	
⑦		⑧			

第5章　流通経路

§1　流通経路の設定

1　流通の役割

　どんなに素晴らしい商品であっても，その商品が生産者から消費者の手に渡らなければ意味がない。しかしながら，現代社会においては，この生産と消費の間には大きな隔離が存在する。生産と消費の間の隔離を埋めて，それらを有機的に結びつけるのが流通であり，この隔離が大きくなればなるほど流通の役割は重要になる。

　生産と消費の間の隔離は，人的隔離，地理的隔離，時間的隔離の三つに分けることができる。

　人的隔離とは，生産に従事する人と消費する人が相違することである。社会的な分業が進んだ現代社会においては，生産者と消費者の間には，数多くの取引関係が存在し，その結果，生産者がその商品を誰が購入し，消費するのか知らないことが多い。そこで，生産者と消費者の間に，消費者の欲求や願望を生産者に伝えると同時に，買い手である消費者を積極的に探す流通の役割が必要とされる。

　地理的隔離とは，生産の場所と消費の場所が相違することである。第二次産業である製造業は，生産効率を高めるために集約立地する傾向が見られる。しかし，そのような商品の購入者である消費者は世界中に分散して存在する。また，第一次産業である農業や水産業では産地が分散しているが，それを購入する消費者は都市部に集中する傾向がある。このような地理的隔離を埋めるための輸送という流通の役割が必要とされる。

　時間的隔離とは，生産される時期と消費される時期が相違することである。生鮮食品には本来収穫時期が存在し，1年を通じていつでも安定的に入手できるとは限らない。しかしながら，消費者は生鮮食品をいつでも入手することを願っている。また，衣類などの季節性の強い商品については，特定期間に集中して消費が行われるが，これらの商品も，製造するために半年や1年といった時間を必要とし，生産と消費の間には，タイムラグが生じる。このような時間的隔離を埋めるために保管や貯蔵といった流通の役割が必要とされる。

　このように流通は生産と消費を結びつけるためのかかせないパイプである。したがって，売り手である生産者（おもにメーカー）にとっては，自社商品を消費者の手元に届けやすいように流通経路を設定し，管理することは，マーケティング活動の重要な課題となる。

2 流通経路の形態

流通経路の形態は，商品特性の違い，市場の動向，企業の方針，業種，業界慣習等によって異なるが，一般的にはつぎのように区分できる。

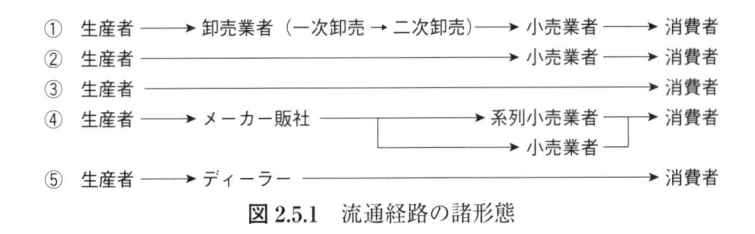

```
① 生産者 ──→ 卸売業者（一次卸売 → 二次卸売）──→ 小売業者 ──→ 消費者
② 生産者 ─────────────────────────────→ 小売業者 ──→ 消費者
③ 生産者 ──────────────────────────────────────→ 消費者
④ 生産者 ──→ メーカー販社 ──┬──→ 系列小売業者 ─┬──→ 消費者
                            └──→ 小売業者 ──────┘
⑤ 生産者 ──→ ディーラー ─────────────────────→ 消費者
```

図 2.5.1 流通経路の諸形態

①の流通経路は，もっとも一般的な形態で，伝統的経路と呼ばれることもある。卸売段階が一次，二次と何段階かに分かれたり，商社を介在させたりする場合もあり，食料品や日用雑貨，身の回り品等の生活必需品に多くみられる形態である。

②の流通経路は，生産者が，卸売業者を通さず直接小売業と結びつく形態である。この形態は，百貨店や大型スーパーとの取引に多くみられる。また，商品の性格から迅速に消費者の手元に届けられる必要がある牛乳，パン，ハム，デリカ食品等の日配品の販売にも採用される。

③の流通経路は，生産者が直接消費者に商品を販売する形態である。訪問販売，通信販売，自動販売機による販売等，いわゆる無店舗販売に多くみられる形態である。

④の流通経路は，既存の卸売業者に卸売の機能をまかせないで，生産者（おもにメーカー）が販売会社を自ら設立して，自社商品の卸売機能を自ら遂行していく形態であり，販社制とも呼ばれる。この形態は，家電メーカーや洗剤，化粧品メーカー等に多くみられる。

⑤の流通経路は，生産者が設立した販売会社が，商品の卸売，小売の両機能を一手に担う形態で，自動車メーカーにみられる流通経路である。

3 流通経路の設定要件

生産者が，流通経路を設定する際の要件としては，商品の特性，市場規模，企業の競争力の三つに大別できる。

(1) 商品の特性

商品は，消費者の購買慣習を基準として，通常，最寄品，買回品，専門品の三つに分類される。

最寄品（コンビニエンスグッズ）とは，もっとも近くの店舗で習慣的，日常的に購入される商品で，食料品，日用雑貨，大衆価格の衣料品等の単価が低い商品である。

買回品（ショッピンググッズ）とは，消費者が購買時に，複数の店舗で商品の品質，スタイル，デザイン等を比較することを欲する商品である。具体的には，衣服，バッグ，ア

クセサリー等があげられるが，比較的高価な商品が多い。

専門品（スペシャリティグッズ）とは，消費者が購買に際して，商品の性能，技術，ブランド，デザイン，スタイル等に特別の購買努力を払う商品で，数年に1回購買するような高価な商品をいう。具体的には，自動車，高級家具，パソコン，貴金属等があげられる。

このような商品の分類によって流通経路の設定は異なったものとなる。

最寄品のように単価が低く，消費者に日常的に使用される商品は，できるだけ広範囲の小売店で消費者が購入することができるような仕組みを構築する必要がある。普通，単独の企業が広範囲の小売店と直接取引をすることは困難であり，そのため，卸売業者を利用することが多い。ただし，最寄品であっても，日配品のような保存性が低い商品については，卸売業を通さないほうがよい場合もある。逆に，缶詰のような保存性の高い商品や冷凍食品・チルド食品といった特別な保管を必要とする商品については，保管機能を卸売業者に肩代わりさせるために卸売業者を利用する場合もある。

一方，買回品や専門品のように，高価な商品は，消費者の購買頻度が最寄品に比べて低く，したがって，商品を取り扱う小売店の数もそれほど多くない。また，買回品や専門品は，技術的に複雑な商品であるために技術・メンテナンスサービスが求められる商品やファッション性等の高度な専門知識が求められる商品が多い。そこで，買回品や専門品については，卸売業者や小売業者を限定したり，販社制を用いたり，あるいは，消費者と直接取引を行うような流通経路の設定が考慮される。

(2) 市場規模

流通経路を設定する際には，はじめにターゲットとなる市場の規模や地理的な広がりを考慮する必要がある。市場規模が大きく，消費者が広範囲に散在している商品の場合には，効率性やコストの面から卸売業者を利用するほうがよい。逆に，販売地域が限定集中されているような商品の場合には，卸売業者を利用しないほうが流通コストは削減される。

(3) 企業の競争力

市場における企業の競争力がどの程度強いかということは，流通経路を設定する際に大きく関係してくる。企業の競争力とは，生産者の知名度やブランド，あるいは販売力のことである。

生産者の知名度やブランドが高い場合には，消費者によるその商品の指名買いが期待できる。したがって，既存の卸売業者はその商品の取り扱いを強く希望し，その結果，流通コスト等に関して有利な条件で広範囲の消費者に商品を提供することが可能となる。

また，生産者に，ヒト・モノ・カネ・情報といった販売力が潤沢にある場合には，自社製品の販売強化，価格維持の手段として卸売業者や小売業者を系列化したり，販売会社を設立したりする傾向が見られる。

§2 流通経路政策

1 流通経路政策の類型

　流通経路政策とは，生産者による流通経路の強化，統制策のことである。流通経路政策を考慮するに当たっては，生産者と消費者を結びつける垂直的組織（卸売業と小売業）の長さの問題についての検討と，水平的組織としての卸売，小売の各段階における流通業者の数の問題についての検討が必要である。

　生産者が自社商品を流通させるに当たり展開可能な流通経路政策の類型としては，開放的流通経路政策，選択的流通経路政策，排他的流通経路政策の三つがあげられる。

(1) 開放的流通経路政策

　集約的流通経路政策とも呼ばれ，自社商品を多くの小売業者や卸売業者に取り扱ってもらい，最大限の販売機会を得ようとするものであり，最寄品に適した流通経路政策として多く採用される。

　開放的流通経路政策では，広範囲にわたって多くの小売業者や卸売業者が存在し，特定地域内で同じ商品を複数の流通業者が取り扱うことから流通業者同士の競争が働き，流通コストが低くなる傾向をもつ。

　逆に，流通経路を構成する流通業者は競争品も同時に取り扱うことも多いので，新規の需要を開拓することや販売促進を強化することは難しくなる。また，自社商品を扱う小売業者の数を増加させるためには，卸売業者の数も増加させる必要があるので，結果として流通経路は長くなり，流通経路に対するコントロールが十分に働かない傾向がある。

　流通経路政策を大別すると，販売先の数を限定しないでできるだけ多くの流通業者を利用しようとする開放的流通経路政策と自社商品を取り扱う流通業者の数を限定しようとする限定的流通経路政策に分けられる。限定的流通経路政策においても，流通業者の数をどの程度まで制限するかによって相違があり，制限の強弱によって，選択的流通経路政策と排他的流通経路政策に分けられることになる。

(2) 選択的流通経路政策

　選択的流通経路政策とは，生産者が一定の取引基準ないし条件を設定して，それらの基準や条件を満たす流通業者だけに，自社商品を優先的に販売させようとする流通経路政策である。そうした一定の基準や条件としては，流通業者の現在および将来の取引量，一口注文量，代金決済能力，販売に付随してなされるサービスの優劣，販売努力の程度，経営者の能力，生産者への協力の程度等があげられる。

　選択的流通経路政策では，開放的流通経路政策よりも流通業者が限定されることから，それらの流通業者に対するさまざまな指導，援助を通じた販売促進努力に集中することができる。また，自社に協力的な流通業者を選択することで，流通経路に対してコントロールする力を強化することがある程度可能となる。

しかしながら、流通経路を構成する流通業者は自社商品だけではなく、競合他社の商品も同時に取り扱うこともでき、完全な流通経路のコントロールは望めない。また、選択によって流通業者が絞られれば絞られるほど、特定地域内の流通業者の数を減らすこととなり、商品の市場における露出度が低下する可能性がある。

(3) 排他的流通経路政策

排他的流通経路政策とは、特定地域内で自社商品を販売する権利を排他的（独占的、専属的）に付与していく流通経路政策であり、独占的流通経路政策あるいは専売的流通経路政策とも呼ばれる。

排他的流通経路政策は、流通業者を選択するという点では、選択的流通経路と同じであるが、特定市場における排他的な販売権を付与する見返りに、他の競合商品の取り扱いを制限したり、あるいは販社制度のように生産者と流通業者の間に資本的結びつきや人的関係が形成されたりというように、その内容は、選択的流通経路とはかなり相違するものである。

排他的流通経路政策では、生産者は販売方法や販売価格といった面で、かなり強力な流通経路に対するコントロールが期待できる。しかしながら、人的・資本的関係のかかわりあいが強まることで流通経路が固定化されるおそれがあり、それは市場拡大への障害にもなりうる。また、流通業者が他の生産者の商品を取り扱えないことで、多様な消費者のニーズに応えることができないという問題も生じる。さらに、こうした排他的流通経路の維持・管理によるコストの増大という問題もある。

2　流通系列化

流通系列化は、主として、自社商品の販売を有利に導こうとする生産者（メーカー）による流通段階の組織化をいう。しかしながら、近年では、大手スーパー、量販店、デパート等の有力な小売業者によって、生産者や卸売業者が系列化される傾向もみられるようになっている。

流通系列化の方法は、政策による系列化、契約による系列化、資本による系列化に分類することができる。

(1) 政策による系列化

政策による系列化とは、販売員活動を基本に、流通業者に対してさまざまな経済的刺激策を実施することによって、流通系列化を図ろうとするものである。このような政策による系列化のために実施される政策としては、リベートや各種の販売店援助があげられる。

① リベート

流通業者の取引商品総額に占める自社商品の取引額の割合に応じて支払うリベート、一定の売上高に対して累進的に支払われるリベート、生産者の販売政策に対する忠誠度に応じて支払われるリベート等がある。

② 販売店援助

自社商品を取り扱う流通業者に対して行う各種の支援活動のことでディーラーヘルプスとも呼ばれる。具体的には，人員派遣やデモンストレーションの実施，POP資材等の各種販売促進材料の提供，経営者や従業員の教育訓練，記帳方法の指導，経営ノウハウ・市場動向・消費者ニーズといった情報提供，店舗改装費等の資金援助等がある。

(2) 契約による系列化

契約による系列化には，専属代理店制と販社制がある。

専属代理店制とは，生産者が自ら選別し契約した流通業者だけに自社商品の取り扱いを認める方法である。ここでいう代理店とは，特定の生産者のために取引の代行や仲介を継続的に行う流通業者のことをいう。専属代理店契約の内容には，一般的につぎのようなことが含まれている場合が多い。

排他条件付取引契約 自社商品と競合する商品を取り扱わないことを定めた契約のことをいう。なお，結果的に競合する生産者を流通経路から追い出すような場合には，独占禁止法違反となる。

テリトリー制 自社商品を取り扱う流通業者の販売・営業地域を限定する制度のことであり，自社商品について地域的な競争を制限し，流通業者の責任販売体制を確立するものである。テリトリー制には，一地域内に一業者だけを置くクローズド・テリトリー制と一地域内に複数の業者を置くオープン・テリトリー制があるが，クローズド・テリトリー制は原則として違法であり，オープン・テリトリー制についても独占禁止法上違法となることもある。

一店一帳合制 これは，生産者が，小売業に対して納入業者である卸売業者を指定する方法であり，結果として，卸売業者も小売業者も，それぞれの再販売先や仕入先が固定されることになる。

販社制における販社（販売会社）とは，メーカーが自社商品の専属的な販売を条件として設置した卸売業者のことである。流通経路における卸売段階を完全に系列化する方法で，その設立方法として，メーカーが100％出資する場合，既存の卸売業者と共同出資して設立する場合，既存の卸売業者が契約により販社となる場合がある。

販社制では，通常テリトリー制が採用されており，販社間での販売地域の重複やブランド内競争が回避されるようになっている。

(3) 資本による系列化

資本による系列化とは，メーカーによる各流通段階の統合のことである。卸売段階までの統合と小売段階までの統合が考えられるが，ほとんどの場合は，卸売段階までの統合である。

内容的には，メーカーが卸売段階を内部組織化して営業部門が直接，小売業を管理する方法と上述した卸売段階を販社化する方法がある。

3 流通業者による系列化

流通経路を構成する生産者，卸売業者，小売業者のうち，中心となってその流通経路システムをコントロールする主導者をチャネルキャプテン（チャネルリーダー）と呼ぶ。これまで多くの場合，メーカーがこの地位にあったが，近年ではチェーン化と情報処理能力の向上を基礎として大手小売業がチャネルキャプテンとして主導的な立場に立つことも多くなった。

(1) 窓口問屋制

小売業主導の流通系列化政策としては，窓口問屋制があげられる。多品種の商品を取り扱う小売業にとっては，多頻度小口の物流が要求される。しかしながら，メーカーによる系列化である専属代理店制では，各メーカーが，それぞれ特定の卸売業者に商品を流すことから，小売業者は品揃えのためにメーカー系列ごとの複数の異なる問屋と取引を行う必要があり非効率といえる。

そこで，窓口問屋制が，有力な小売業者主導のもとで採用されるようになった。窓口問屋制とは，卸売業者が複数のメーカーの商品を同時に取り扱えるようにした制度であり，大手スーパーやコンビニエンスストア等の有力小売業者は，各地域の有力な卸売業者から窓口問屋を指定する。窓口問屋に指定された卸売業者は，他の卸売業者の商品を小売業者に代わってまとめて仕入れ，集めた商品を小売業者に一括納品することになる。

窓口問屋制は，小売業が多頻度小口の物流を自らの主導のもとで実現することができ，卸売業者との取引を集約することで規模の経済性による利益を得ることができるという利点がある。

(2) チェーンストア

チェーンストアとは，各店舗を統括する本部が直接に投資し，直営する形で広域に多店舗展開する小売業形態であり，チェーン全体が単一の小売業者となっており，レギュラーチェーンとも呼ばれる。このようなチェーンストアには，スーパーマーケットやディスカウントストア等があり，最寄品を中心に，集中大量仕入れ，セルフサービス，ディスカウ

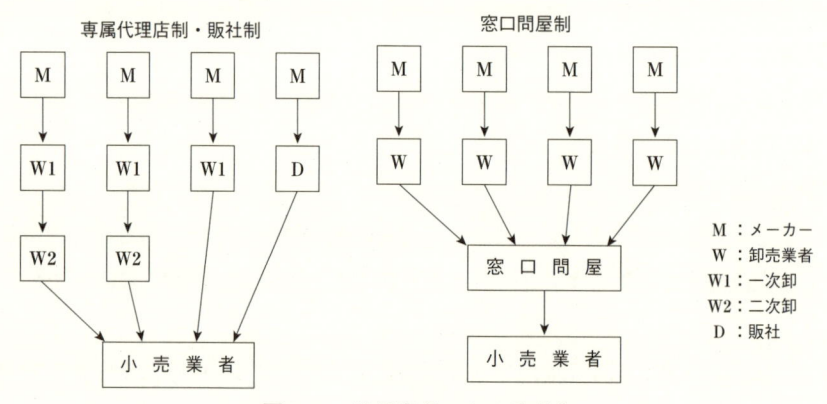

図 2.5.2 流通業者による系列化

M：メーカー
W：卸売業者
W1：一次卸
W2：二次卸
D：販社

ント政策を基本としている。

デパートが巨大店舗主義を原則として，店舗ごとの独自経営を行ってきたのに対して，チェーンストアは個々のチェーン店舗の規模は大きくないが，全体としての店舗数は多く，それによるチェーン全体の規模の経済性を確保するところを特徴とする。

チェーンストアでは，品揃え，販売価格，陳列方法，販売目標といった店舗運営に関する事項を本部が管理し，各店舗は販売活動に専念する運営方法がとられるのが普通であり，これによって，店舗作業や売り場が標準化され，効率化が図られることになる。しかしながら，消費者のニーズが多様化するにしたがって，このような効率性一辺倒の経営では顧客満足が得られなくなってきており，本部主体の経営から店舗主体の経営への転換が求められるようになってきている。

(3) ボランタリーチェーン（VC）

ボランタリーチェーンは資本的に独立した中小小売業が集まって，大規模小売業に対抗するために任意，自主的にチェーン組織を結成し，本部指導のもと各種事業を共同化して行うものである。共同事業には，仕入れ，販売促進活動，商品開発，人材育成，情報管理等がある。

組織形態としては，小売主宰のボランタリーチェーンと卸売主宰のボランタリーチェーンの二種類がある。なお，アメリカでは，小売主宰のボランタリーチェーンをコーペラティブチェーン，卸売主宰のボランタリーチェーンをボランタリーチェーンと明確に区別しているが，日本では両者ともボランタリーチェーンと呼んでいる。

(4) フランチャイズチェーン（FC）

フランチャイズチェーンとは，資本や有力な経営ノウハウを有する事業者である本部（フランチャイザー）が加盟店（フランチャイジー）となる他の事業者との間に契約を結び，加盟店を直営店と同様に店舗運営，指導するものをいう。

本部は加盟店に対して，商標や商号の貸与，特定地域内での販売権，継続的な経営指導や助成といった特権を付与し，加盟店はその対価として，本部への加入金や売上げや利益に対する何％かのロイヤリティを支払うことになる。この方法によれば，本部は，店舗や人材等の初期投資にかかる多額の費用を節約することができ，比較的短期間で企業規模を拡大することが可能となる。また，加盟店にとっては，有力な商標の使用や広告宣伝，あるいは経営指導によって大規模チェーンと同様の効果を期待できるという利点が得られる。なお，フランチャイズチェーンにおける本部と加盟店の関係は，基本的には水平，対等であるが，同志的な結びつきであるボランタリーチェーンと比較すると加盟店の独立性は低いといえる。

フランチャイズチェーンは，さまざまな分野で利用されているチェーン形態である。主として，コンビニエンスストア等の商品販売業，ファーストフーズ，ファミリーレストラン等の飲食業，クリーニング，レンタル業等のサービス業のような業態で採用されている。

Let's Challenge !!

Q1 つぎの文中の（　）の部分にあてはまる用語を，解答群より選び，その記号を記入しなさい。

(1) 生産と消費の間には，（①　）・時間的・人的な隔離が存在する。こうした隔離を埋めて，生産と流通を有機的に結びつける役割を担っているのが（②　）である。特に（③　）にとっては，商品を消費者に届きやすいように流通経路を設定・管理することは重要な課題である。

(2) （④　）は，主として，自社商品の販売を有利に導こうとするメーカーによる流通段階の組織化をいう。（④　）の方法は，（⑤　）による系列化，（⑥　）による系列化，資本による系列化に分類することができる。（⑤　）による系列化のために実施される政策としては，リベートや（⑦　）があげられる。（⑥　）による系列化のために実施される政策としては，専属代理店制と（⑧　）がある。

(3) （⑨　）のように単価が低く，消費者に日常的に使用される商品は，できるだけ広範囲の（⑩　）で消費者が購入することができるような仕組みを構築する必要があるので，通常は，（⑪　）を利用することが多い。ただし，（⑨　）であっても，保存性が（⑫　）商品については，（⑪　）を通さないほうがよい場合もある。

【解答群】
ア　販売店援助　　イ　最寄品　　ウ　契約　　エ　卸売業者　　オ　買回品
カ　流通　　キ　窓口問屋制　　ク　地理的　　ケ　政策　　コ　高い
サ　低い　　シ　生産者　　ス　流通系列化　　セ　販社制　　ソ　小売業者

Q2 つぎの説明に当てはまる用語を記入しなさい。

① 流通経路システムをコントロールする主導者。
② 有力な本部が加盟店となる他の事業者との間に契約を結び，本部が加盟店に直営店と同様の店舗運営，指導する形態。
③ 自社商品を取り扱う流通業者の販売・営業地域を限定する制度。
④ 一定の取引基準ないし条件を満たす流通業者だけに，自社商品を優先的に販売させようとする流通経路政策。
⑤ 各店舗を統括する本部が直接に投資し，直営する形で広域に多店舗展開する小売業形態。

①	②	③
④	⑤	

第6章 販売価格

§1 価格の概念

1 価格の種類

消費者は商品を購買するに当たって，さまざまな要因に影響を受ける。価格も，商品の購買を決定する場合の重要な要因のひとつである。なぜなら，消費者は，商品選択の際に，商品の品質や効用の評価の基準値として価格を用いるからである。

この価格の種類は，その決定方法により競争価格と管理価格に区分される。競争価格とは多数の小規模な売り手が存在していて，同質的な商品が取り扱われている場合に，全体の需給動向で決定される価格のことをいう。これに対して，管理価格とは，企業の大規模化や，提供する商品の差別化によって，企業または企業集団が，企業独自の価格政策によって意図的に設定した価格をいう。管理価格は，競争価格のように需給に応じて激しく変動するということはなく，ある程度の安定性をもっている。

なお，これら以外の価格の種類としては，統制価格や公定価格がある。統制価格とは，行政官庁によって制限・指導が行われている価格であり，公定価格とは，行政官庁によって決定された価格である。ともに，経済政策や社会政策の上から，市場メカニズムだけにまかせていては問題がある商品（鉄道や航空等の運賃，重要な農作物等）に設定される価格である。

2 価格の構成

販売価格は原価（生産者は製造原価，売買業者は仕入原価）に，営業費（販売費および一般管理費）と純利益を加えて決定される。製造原価（原材料費・労務費・諸経費），または，仕入原価（仕入価格・運賃，保険料，荷造費等の仕入諸掛）に営業費を加えたものを販売原価という。つまり，販売価格は，販売原価と純利益から構成される。

また，営業費と純利益の合計を利幅（マージン，粗利益）といい，価格は原価と利幅から構成されているということができる。

仕入原価または製造原価	営業費	純利益
仕入原価または製造原価	利幅（マージン，粗利益）	
販売原価		純利益
販売価格		

図 2.6.1 販売価格の構成要素

3 価格の設定

生産者や流通業者が販売価格を設定する場合には，コスト，需要，競争といった要因が特に重要となる。これらの要因は，単独で販売価格を設定するものではなく，相互に考慮しながら販売価格を設定する。そのなかで，どの要因を重要視するかによって，コスト志向型，需要志向型，競争志向型の方法がある。

(1) コスト志向型の価格設定法

商品の売上高が，その商品の直接的な原価を上回っていることは，販売価格を決定する際の重要な条件である。コスト志向型の価格設定法は，費用を基準に価格を設定する方法であり，比較的単純なことから多くの企業で採用されている。

原価（仕入原価または製造原価）に一定の利幅を加えたものを販売価格とすることを値入れ（マークアップ）といい，この場合の原価（仕入原価または製造原価）に対する利幅の割合を値入率（原価値入率）という。通常，取扱商品の種類が多い流通業者では，商品の種類ごとに値入率を決めておき，これに仕入原価を乗じて販売価格を算出する。この方法はコストプラス法と呼ばれる。

$$販売価格 = 原価（仕入原価または製造原価） \times (1 + 値入率)$$

コストプラス法による販売価格の設定では，値入率が用いられる。しかしながら，一般的に利幅は，販売価格に対する割合（これを利幅率（売価値入率）という）として見積もられるので，コストプラス法で販売価格を設定する場合には，利幅率を値入率に換算する必要が生じる。以下に相互の換算式を示す。

$$値入率 = \frac{利幅率}{1 - 利幅率} \quad 利幅率 = \frac{値入率}{1 + 値入率}$$

(2) 需要志向型の価格設定法

コスト志向型の価格設定は，供給側である売り手の論理によるものである。これに対して，需要志向型の価格設定は，需要側である買い手，すなわち消費者の論理に立つ価格設定法である。需要志向型の価格設定は，その商品に対してどの程度の価値を見出し，どの程度まで支払う意思があるかという消費者の値ごろ感を検討して販売価格を設定する方法である。

価格や所得の変化に対する消費者の値ごろ感は，商品の種類によって大きく異なる。消費者の値ごろ感を考えるに当たっては，需要の価格弾力性の概念が有効である。需要の価格弾力性は，価格の変化率に対する需要量の変化率で表わされるが，一般的には，食料品や日用雑貨などの生活必需品については，この値は小さく，価格の増減率ほど需要量は変化しない。また，宝石，自動車，電化製品などのぜいたく品や代替商品が多く存在する商品については，この値は大きく，価格の増減率以上に需要量は変化する傾向がみられる。

なお，需要志向型の価格設定の特別なものとして，消費者が価格に対して抱く心理を活用して価格を設定する方法があり，後述する名声価格，端数価格，慣習価格などがこれに

当たる。

(3) 競争志向型の価格設定法

競争志向型の価格設定とは，自社の競争環境を考慮した販売価格の設定方法であり，製品差別化の程度，企業イメージ，販売能力，市場占有率等などの競争上の地位を勘案して販売価格を設定する。

このような価格設定には，業界の平均的な価格とほぼ同じ価格を設定する場合と，競争企業の価格を基準にして，それより低いあるいは高い価格を設定する場合がある。

(4) 価格設定に影響を及ぼすその他の要因

販売価格設定に影響を及ぼすその他の要因として，商品回転率，売れ残りのリスク，サービスの有無があげられる。

商品回転率の高い商品は，1単位当たりの商品が負担する営業費が少なくて済むことから，販売価格を下げることができる。逆に，商品の回転率が低くなれば，販売価格は上げざるを得ない。

衣料品や流行性，季節性の強い商品，あるいは鮮度が販売価格に影響する生鮮食料品等は，売れ残りによる損失のリスクが高いことから，利幅は大きく見積もられているのが普通である。

販売に際して，無料で配達・備付け・調整・点検・品質保証といったサービスが必要とされる商品については，サービス提供にかかる費用を賄うために，販売価格にその費用が上乗せされることが多い。

§2 価格政策

1 価格政策の内容

価格は，マーケティングの重要な要素であり，その他の要素と調和を図りながら，買い手の購買意欲を呼び起こし，かつ，適正な利益を確保できるような価格設定が求められる。価格は，商品を販売する売り手が，生産者，卸売業者，小売業者のいずれかによって，生産者価格，卸売価格，小売価格に区分できるが，それぞれの価格によってとられる価格政策は相違する。したがって，ここでは，販売価格の設定に際してとられる各種の価格政策について，生産者価格，卸売価格，小売価格のそれぞれの観点から学習する。

2 生産者価格政策

生産者が，新製品を市場に投入するに際して，上澄吸収価格政策や市場浸透価格政策といった特別な価格政策がとられることがある。

(1) 上澄吸収価格政策

製品ライフサイクル上の観点から，新製品を市場に投下する導入期において，価格にあ

まり敏感でない高所得者層をターゲットに高価格で販売し，その後，生産量が増加して，コストが低下してきたら，それを追いかけるように価格を少しずつ引き下げ，低所得者層にも販売を拡大していこうとする価格政策である。初期高価価格政策，スキミング・プライシングとも呼ばれる。

(2) 市場浸透価格政策

新製品を市場に投下する導入期において，他社が同様の製品を販売して激しい競争が予想される場合には，自社製品を急速に市場にいきわたらせるために，導入段階での赤字を覚悟して低価格で製品を販売する政策である。この政策が成功すれば，低価格によって，市場の需要を引きつけることで，市場占有率を拡大し，大量販売を可能にして累積生産量を一気に増加させることが可能となる。初期低価格政策とも呼ばれる。

3　卸売価格政策

生産者や卸売業者が，他の流通業者と取引を行う場合，流通業者の販売努力を刺激する目的から，差別価格政策をとる。差別価格政策とは，同じ商品の価格についてさまざまな基準により価格差をつけて販売しようとする価格政策であり，主要なものとして割引政策とリベート政策がある。

(1) 割引政策

割引政策には，数量割引，現金割引，機能割引，季節割引等がある。

① 数量割引

まとまった数量の取引に対する割引である。1回当たりの取引数量が大口になると，受注・発送・配送・事務処理等にかかるコストが割安となり，そのコスト分を買い手側に還元できることになる。

② 現金割引

通常，業者間の取引の支払いは，手形や掛け払いを条件とするが，現金払いや早期に支払いを済ませた買い手に対しては，割引を行うものである。これは，手形や掛け払いを条件とする場合，売り手の負担する金利や集金費，貸倒れのリスクが発生するが，現金払いや早期支払いでは，これらが軽減されることから，その分を買い手側に還元するというものである。

③ 機能割引

生産者が，卸売業者と小売業者の両方に販売する場合，卸売業者と小売業者の販売価格に差を設けるものである。これは，商品の流通において，卸売業者が遂行する機能を評価することによって，安定した流通チャネルを維持することを意図したもので，業者割引とも呼ばれる。

④ 季節割引

需要の季節変動がある商品について，非需要期に購入する買い手に対して一定の割引を

行うものである。在庫や売上高の平準化，保管費用の節約等が見込めることから，その分を買い手側に還元するというものである。

(2) リベート政策

リベートは，一定期間の取引高に基づいて取引先に支払われる利益の割戻しのことであり，割引に近い性格をもつが，個々の取引に応じて割り引かれる割引政策とは明確に区別される。リベートは，売上の維持や拡大，代金回収の促進，価格の安定等を目的に行われ，その支払方法から，定率リベートと累進リベートに分けられる。代表的なものとして，数量リベート，支払いリベート，目標達成リベート，早期引取りリベート等がある。

数量リベート　一定期間内の取引数量実績に応じて支払われるリベート。

支払いリベート　支払い期限に長短を設け，支払い期限が短いものほど高率のリベートが支払われる。

目標達成リベート　あらかじめ売り手との間で取り決めておいた販売目標の達成度に応じて支払われるリベート。

早期引取りリベート　季節商品について需要期前の引取りに対して支払われるリベート。

なお，リベート政策は，その算出根拠や基準が複雑で不透明な部分があり，消費者に対して，結果的に高い販売価格を押し付けるものであるとか，海外企業の日本市場への進出の障害になっているという社会的な批判がなされている。その結果，リベート政策を簡素化したり，廃止したりする動きもみられる。

4　小売価格政策

小売価格政策には，つぎのようなものがある。

(1) **定価政策**

商品に一定の販売価格を表示し，どの顧客に対しても同じ価格で販売する政策である。だれにでも一定価格で販売することから，顧客の信頼を得ることができ，また，顧客は，販売価格が表示されていることから，容易に販売計画を立てることが可能であり，小売業のほとんどがこの方法を採用している。

(2) **端数価格政策**

100円や5000円としないで，98円や4980円という端数をつけて価格を設定する方法である。大台を若干下回る価格を付けることによって，消費者にきわめて安いという心理的印象を与え，購買の促進を図ることを目的に，スーパーやディスカウントショップでとられることが多い。

(3) **慣習価格政策**

慣習価格とは，商品の価格が長期間安定していて，消費者によってその価格が習慣的に認知されているような価格をいう。このような慣習価格が形成されている商品としては，清涼飲料水，菓子類，タバコ等がある。慣習価格が形成されている商品は，値下げをして

もそれほど売上げは伸びず，また，値上げをすると売上げが著しく減少することから，価格は操作せずに，品質面での改善や調整を行うことが必要となる。

(4) 名声価格政策

消費者がその商品の品質や性能にこだわる傾向が強く，また，その品質を客観的に評価することが難しいときには，価格が高いことが，商品の品質のよさや使用する人の地位の高さを心理的に連想させる場合がある。このような商品について，企業が意識的に高い価格を設定する方法を，名声価格政策という。

(5) 均一価格政策

特定の売り場において，「100円均一」や「1万円均一」というように原価の異なる種々の商品すべてに同一の価格をつけ，商品全体が安いという印象を顧客に与えて販売する政策である。商品には，利幅の大きいものと小さいものが混在するが，全体として一定の利益を確保できるように価格設定がなされる。近年では，「100円ショップ」のような店内の全商品を均一価格で販売するワンプライス・ストアの成長が著しい。

(6) 階層価格政策

商品の種類が多く，顧客が一定の価格範囲内ならばその商品の価格の違いを気にしない場合，高級品・中級品・普及品といった数段階の価格帯（プライスゾーン）に商品を整理して，1万5000円，7000円，3000円というようなプライスライン（価格線）を設けて販売する方法を階層価格政策という。この方法によれば，顧客は予算に応じた価格帯から商品を自由に選択でき，また，売り手にとっても商品管理が効率的に行えるという利点がある。

(7) 割引価格政策

特定の日や曜日あるいは時間に応じてセールや感謝デー，タイムサービスというかたちで一定の割引を行ったり，特定の顧客に対して一定率の割引を行ったりする方法である。この政策は，顧客に対する日頃の愛顧に応えるとともに，割引による販売促進をねらって実施される。

(8) 見切り価格政策

特別な日や期間，あるいは早朝や閉店間際などに，通常の価格から大幅に値下げした価格で販売する方法である。このときの価格をバーゲン価格や見切り価格という。この方法では，在庫負担を減らすために，季節はずれの商品や，汚損品，半端物を，原価以下で販売することがある。しかしながら，極端な安売りは不当廉売として，独占禁止法違反となる可能性があるので注意しなければならない。

なお，独占禁止法の正式の名称は「私的独占の禁止及び公正取引の確保に関する法律」といい，企業の公正な自由競争を確保して，国民経済の発展を図ることを目的とする。この法律では，私的独占，不当な取引制限，不公正な取引方法を禁止しており，公正取引委員会という政府組織が，同法に基づく取締りを行っている。

§3　価格に関する諸問題

1　価格維持政策

製品の差別化による非価格競争と比較して，価格競争は競争企業が対抗措置を講じることから，際限なき値引き競争に陥る可能性がある。そこで，生産，卸売，小売の各流通段階において，価格を一定に維持するための政策がとられることになる。この価格維持政策には，同業者間における政策と生産→卸売→小売という流通過程における政策がある。

(1)　価格カルテルと価格指導制

競争企業同士が，価格，販売数量・地域・製品種別，設備，技術等について，協定や共同行為をとり，競争を制限することをカルテルといい，このうち，価格に関するカルテルを価格カルテルという。価格カルテルは，市場における自由競争を制限して価格を高い水準で固定させることから，価格維持の手段としては有効な方法である。しかし，自由で公正な価格競争を制限する価格カルテルは，原則的には，独占禁止法で禁止されている。

このように価格カルテルは禁止されているが，とくに競争企業同士間の協定がなくても，同種商品が短期間に同調的に値上げをすることがある。これは，まずその業界における有力な一社ないしは数社が決定する価格に対して，他社が暗黙のうちに追随するような行動をいう。これを価格指導制（プライスリーダー・シップ）といい，寡占市場でしばしば見受けられる。価格指導制は，カルテルを形成しているわけではないので違法ではないが，必要があれば公正取引委員会は業界に対して，その理由について報告を求めることが独占禁止法上認められている。

(2)　再販売価格維持政策

再販売価格維持政策とは，メーカーや卸売業者がそれぞれ卸売業者や小売業者に対して，自己の商品を他に転売する際に，転売する時の販売価格を指示し，市場において，その販売価格が維持されることを目的に行われる政策である。この時の販売価格を再販売価格という。この政策が採られれば，販売業者は自己の判断で販売価格を決定することができず，違反すれば，仕入先から違約金の徴収や出荷停止等の制裁を受けることになる。日本においては，市場における自由な価格設定を制限することになることから，原則的には独占禁止法で禁止されているが，新聞や書籍ではこの政策が例外的に認められている。

2　価格表示

(1)　二重価格表示

メーカーが，自社製品のブランドイメージを維持するために，小売店頭においてこの程度の販売価格が望ましいと設定した売価をメーカー希望小売価格（建値）という。すでに学習したように，再販売価格維持は法律によって禁止されていることから，メーカー希望小売価格はあくまで参考価格であって，強制される価格ではない。しかしながら，1990

年代の中頃までは、多くの場合、このメーカー希望小売価格が、定価や標準小売価格という名称で小売価格として用いられ、卸売、小売の各流通段階において価格の安定化に貢献してきた。

ところが、1990年代中頃以降、小売業間の競争激化を受けて、メーカー希望小売価格と実勢価格（市価）との間に乖離が生じるようになった。このように、メーカー希望小売価格と実勢価格の価格差があまりにも大きいと、二重価格表示の問題が生じる。

二重価格表示とは、店頭においてメーカー希望小売価格とその時の販売価格を並べて表示することである。小売業の現場では、この表示が割引の表示として販売促進効果を発揮することになるが、メーカー希望小売価格と実勢価格の価格差があまりにも大きいと、消費者を誤認させる不当表示として景品表示法違反に問われることになる。

(2) オープン価格制

このような背景を受けて、近年では、メーカーが希望小売価格を示さずに、卸売業者や小売業者が市場の動きを見すえて自主的に販売価格を決定し、その販売価格だけを店頭で表示する動きがみられる。これをオープン価格制という。

オープン価格制の導入によって、メーカーの流通過程における価格のコントロールは相対的に低下し、消費者に近い小売業に価格決定権が委ねられることになるが、小売店頭での価格の差が経営努力によって大きく異なることも生じるため、小売業に低価格競争に耐える努力が必要になる。

(3) 単位価格表示

単位価格とは、100g、1kg○○円、あるいは1m○○円など、単位当たりの換算価格をいい、ユニットプライスともいわれる。品質が同じである商品の場合には、どちらの商品が割安かという価格比較が容易にできるため、消費者にとっては便利な表示である。

Let's Challenge !!

Q1 つぎの説明に当てはまる用語を記入しなさい。
① 業界の有力企業が決定する価格に対して、他社が追随するような行動。
② 一定期間の取引高に基づいて取引先に支払われる利益の割戻し。
③ 企業または企業集団が、企業独自の価格政策によって意図的に設定した価格。
④ 1万円、5000円、3000円といったプライスラインを設ける販売政策。
⑤ メーカーが希望小売価格を示さずに、卸売業者や小売業者が市場の動きを見すえて自主的に販売価格を決定する制度。
⑥ 商品の価格が長期間安定していて、消費者によってその価格が習慣的に認知されているような価格。
⑦ 行政官庁によって決定された価格。
⑧ 新製品の販売に当たって、自社製品を急速に市場にいきわたらせるために、導入段階での赤字を覚悟して低価格で製品を販売する政策。
⑨ 商品ごとに値入率を決めておき、仕入原価を乗じて販売価格を算出する方法。

①	②	③
④	⑤	⑥
⑦	⑧	⑨

Q2 つぎの①から⑤を計算しなさい。ただし、解答に端数が生じたときは、金額は円未満、パーセントは1％未満を四捨五入すること。

① 原価85,000円の商品について原価値入率30％の場合、売価はいくらになるか。
② 売価120,000円の商品の売価値入率は20％である。原価はいくらになるか。
③ 原価値入率25％は、売価値入率にすると何％であるか。
④ 原価47,000円、売価62,000円の商品について、原価が3％値上がりした。売価をそのままとして、売価値入率は何％になるか。
⑤ 原価50,000円、売価70,000円の商品について、売価を10％値下げした。売価値入率は何％となるか。
⑥ 売価値入率30％は、原価値入率に換算すると何％であるか。

①	②	③
④	⑤	⑥

第7章 販売促進

§1 販売促進

1 販売促進の意義

生産者が自社製品とサービス情報を消費者に提供し，市場を開拓し維持する活動を販売促進（sales promotion）という。この用語は，1930年ごろアメリカで用いられ始めたという。当時は，マーケティングそのものとほぼ同義語に解されることもあったようであるが，現在では，広告活動，販売員活動，信用販売，パブリシティ，および店舗の立地と商品の陳列・照明，それらをより効果的に補完するその他の販売促進諸活動のすべてを含む意味合いで理解されている。

コミュニケーション効果

販売促進活動の中心的役割を果たしているのは，マーケティング・コミュニケーション（marketing communication）である。最近では，プロモーションをコミュニケーションとも呼ぶ。コミュニケーション効果について，購買時点で「広告」は，購買以前に消費者に訴え，購買時点後には，認知的不協和音（自分が購入した商品の選択が間違っていなかったか迷うとき，商品の利点に関する情報に接することにより不協和を低減しようとする）を解消し，商品・サービスの愛顧の形成や，リピーターとしての喚起ももたらす。一方，「人的販売」は，購買時点に集中してその効果を発揮する。

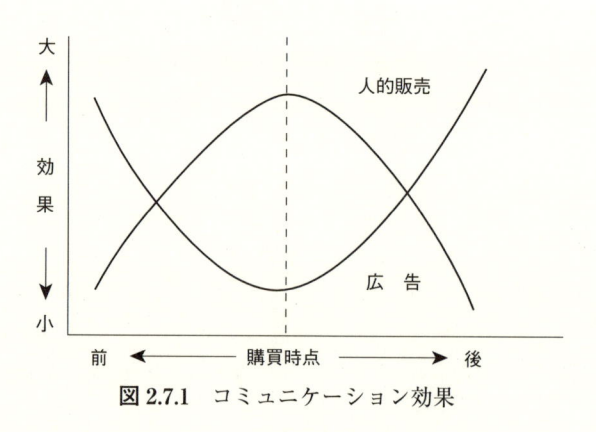

図 2.7.1 コミュニケーション効果

2 プロモーション・ミックス

販売促進には，既述の広告活動，販売員活動，信用販売，その他の販売促進諸活動，店舗の立地と設計などが含まれる。

また，広告活動，販売員活動，信用販売，その他の販売促進諸活動の異なった側面が販売効果に最大に発揮されるように，最適に組み合わせたものをプロモーション・ミックスという。販売促進の方法をより効果的に組み合わせるには，製品・サービスの性格，製品ライフサイクル上の位置，市場構成などにより，それぞれのウェイトを配慮しなければならない。

§2 広告活動

1 広告活動

企業・商品・サービス等についての情報をさまざまな媒体を通じて広く，「特定のメッセージを伝達する」ことにより，消費者の需要を喚起し，販売を促進することを目的とした有料形態（無料で情報を送るパブリシティとは区別される）の活動である。企業が行う広告は，プロモーションの方法としてマーケティングのなかで重要な役割を占める。

2 広告の種類と媒体の特性

とくに，新聞，雑誌，テレビ，ラジオの四つをマスコミ四大媒体という。

表 2.7.1 広告媒体の特性

広告媒体	広域	地域限定	個人	長期	短期	瞬間	印象度	記憶性	説得力
① 新　聞	○	○			○			○	○
② 雑　誌	○			○			○	○	○
③ ラジオ		○				○			
④ テレビ	○	○				○	○		
⑤ DM			○		○		○		○
⑥ インターネット	○	○	○	○		○	○		○
⑦ 野　外			○					○	
⑧ 交　通			○		○				
⑨ ノベルティ			○	○				○	
⑩ チラシ		○							○
⑪ POP			○			○	○		

(1) 特　性

① **新聞広告**　全国紙では，発行部数が多いために広域，広い階層にわたり，地方版や地方紙では特定地域の読者に広告ができる。一部当たりの広告費が比較的安い，また新聞の社会的信用により広告の信用性が高いという利点があるものの，一日で読み捨てられることが多いので，新聞広告は繰り返し行わなければ効果が薄い。

② **雑誌広告** 特定の読者をもっているので，読者の手元に置かれる期間が長い，広告の記憶度が深く保持されやすいという側面があるが，発行日が限られている（月刊・週刊）ので，迅速な広告には向かない。

③ **ラジオ広告** どこでも聞くことができ，個人的に語りかける感じが見込み顧客に親近感を抱かせ，自由なイメージを抱かせる効果があるが，視覚に訴えかけないので，訴求力に欠けやすい。

④ **テレビ広告** 広域，広い階層に広告することができ，視聴覚に働きかけるので，強い訴求力をもっている。しかし，広告は瞬間的であるので，反復・継続して広告していかなければならない。

⑤ **DM（ダイレクトメール）広告** 広告印刷物を直接見込み顧客に郵送する方法である。広告の訴求範囲は狭いが，訴求対象が特定化しているので，広告効率が高い場合が多い。

⑥ **インターネット広告** ホームページにメッセージを入れておけば，24時間，人件費も広告費もかからずに，世界中に広告を出していることになる。対面販売と同じように，商品・サービスに関する情報を顧客に提供できる反面，顧客の自主的な，見ようという気持がなければ成立しない広告なので，訴求対象が限定される。

⑦ **野外広告** ポスター，ネオンサイン，看板・広告塔，アドバルーンなど，通行人等を対象とする広告である。訴求対象は限られるが，比較的長く継続的に訴えるという効果がある。

⑧ **交通広告** 電車，バス，タクシーなどの交通機関の駅，車内の中づり・額面広告である。地域に密着し，固定乗客に対しての反復訴求効果がある。

⑨ **ノベルティ（novelty）広告** ティッシュペーパー，ボールペンやカレンダー，マッチなどに社名や商品名を入れて無料で配布する方法である。配布物は実用品なので，企業が顧客との親密感を増す方法としての効果が大きい。

⑩ **チラシ広告** 新聞に折り込むもの，戸別に配布するもの，街頭で配布するものなどがある。一定域内の不特定多数の消費者に働きかける効果がある。

⑪ **POP（購買時点）広告** 店頭や店内で実物模型，ポスター，看板，プライスカードなどで顧客にアピールする広告。顧客に特定ブランドを印象づけるために，マスメディア媒体広告の補完として効果がある。通行人，来店客を対象とするので，訴求範囲は狭い。

(2) プッシュ・プル政策

プロモーション政策にはプッシュ政策とプル政策がある。プッシュ政策は，流通チャネルの卸小売業者などに協力を得て消費者の需要喚起をうながし，流通チャネル上を消費者に向けて商品を押し出していく政策である。一般に産業財での広告に有効である。

一方，プル政策は，おもに消費財で用いられ，広告などで消費者の指名買いをうながし，流通チャネル上をまるで商品が消費者に引っ張られるようにして売れるところかこの名前がついた。

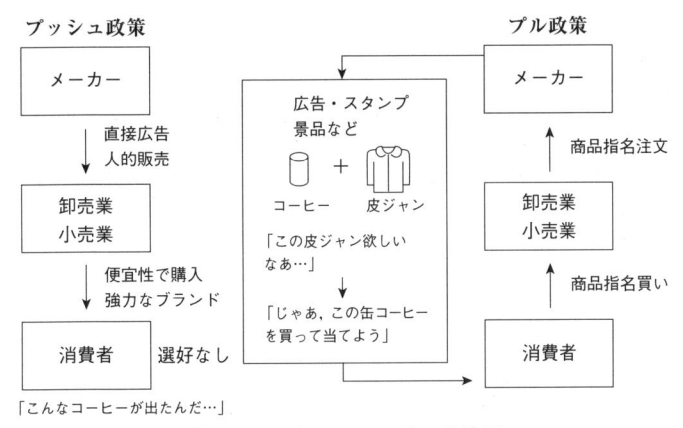

図 2.7.2　プッシュ・プル政策例

3　広告計画

(1)　広告目標

広告の実施にあたりもっとも重要なことは，広告目標の明確化である。まず広告に何を達成させようとしているのか。企業・店舗の知名度を上げる，来店させる，商品に関する感心を高め購入させるなどの具体的な目標であり，その目標との関連により設定する。

(2)　広告予算

広告目標を設定した後は，広告目標を達成するために自社の財務状況を鑑み広告費予算を設定し，この予算に基づいて広告を合理的に行うことが求められる。

(3)　広告媒体

広告媒体を決定する際には，伝達内容と消費者との関連でもっとも効果的な媒体を選択しなければならない。そのためには，顧客，商品・サービス，市場に関する正確な調査データが必要となる。

顧客データは，商品・サービスでは，その特性，品質，価格，付加価値などについて，競合製品との比較検討と差別化しうるポイントを明確に打ち出すことが重要である。市場に関しては，広告商品・サービスの市場におけるシェア率や成長率を明らかにしつつ市場構成の趨勢を把握する。こうしたデータをもとに，広告の目的，予算に応じての媒体が設定される。

実際には，一つの広告媒体だけではなく，異なった広告媒体を併用することが多い。その効果的な組み合わせを広告ミックスと呼ぶ。

(4)　広告制作

企業内で作製できる広告もあるが，広告塔や看板，メディア媒体の広告は，専門業者に依頼することが多い。

(5)　広告の実施

広告の効果を上げるために，繰り返し行い印象づけることが重要である。とくに屋外広

告は長期間にわたり訴求しつづけるので，保守点検を怠らないようにする。

(6) 広告効果

広告の実施後は，その広告がどれほどの効果があったのかを調査することが大切である。広告効果の測定は，広告制作を有効に実施していくうえで極めて重要ではあるが，広告効果をコミュニケーション効果に絞って測定する場合も，短期的な効果のほかに長期的・累積的効果があるので，特定の広告効果を把握することはむつかしい。実際にはコミュニケーション効果とその成果である販売効果の測定が行われる。

① コミュニケーション効果の測定

広告対象者に広告が到達したかどうか。→テレビ視聴率，新聞の発行部数で調査

広告対象者に広告が認知されたかどうか。→注目率調査

② 販売効果の測定

広告対象者の態度に変化があったかどうか。

広告対象者に購買行動を起させたかどうか。

①②ともに，広告前と広告後の比較，広告を行った地域と行わなかった地域との比較で，企業の知名度や購買率の変化を測定する。

認知テストにおいて，印刷媒体による広告の実施後に，その広告に接したことのある人に広告コピーを見せて，注目率や閲覧率（広告を読んだ人の比率）などを調べる「事後測定」がある。

この調査では，実際に見ていない広告まで見たと答え，誇張された認知率が出る場合があるので，使用しなかったコピーを実際に使用した広告コピーに混ぜて調査対象者に見せ，使用しなかったコピーを見たと答えたサンプルを除外して集計することにより，より正確な認知率を測定する「相対認知テスト」を実施することが多い。前にも述べたように，広告の販売効果の測定には数々の問題があり，正確な測定はむつかしい。

§3 販売員活動

1 販売員活動の意義

販売員活動は，人を媒介させることにより顧客と双方向のコミュニケーションをとり，販売そのものを成立させる取引形成機能を有する。すなわち，「口頭による情報の提供」であり，販売員の良否が販売成績を良くも悪くもするのであり，広告とともに，販売促進の重要な手段の一つである。

活動としては，消費者や顧客には，情報の伝達・収集者，相談相手・説得者としての活動が，生産者や卸売業者の販売員には，取引先の経営上の診断などがある。このような活動には，販売員の人間的な信頼感の厚さが購買につながるので，販売員には，それらに対応できる資質・能力が求められる。

2 販売員に求められる資質・能力と知識

(1) 販売員の資質・能力

販売員はまだ購買の意思決定をしていない顧客に対し，説明と説得をとおして販売促進を行い，販売行動に導く。そのためには，仕事への情熱と責任感をもつことは職業人として当然であり，顧客に好印象を与える人柄や態度も求められる。

資質・能力は先天的能力やパーソナリティに基づくものも大きいが，教育訓練等により一般的な活動原則を身につけることができる。

(2) 販売員の知識

顧客に説明・説得する知識としては，つぎの知識が求められる。

商品知識	商品の種類・品質・使用方法／関連・競争商品についてなど
顧客知識	購買心理・動機，顧客の人柄や趣味・家族，交友関係など
販売条件知識	価格割引・支払条件などの販売条件／販売量の在庫チェックなど
販売事務知識	仕入れ／販売事務・商品管理事務など

(3) 販売員の接客プロセス

① 店頭販売と訪問販売

顧客の購買動機を刺激し，自己商品のセーリングポイント（商品の適合性，耐久性，スタイル，デザイン，魅力性，価格）などを正確にわかりやすく説明し，顧客の納得を得て商品を購入してもらい，顧客が商品に満足して，自己の商品の愛用者になってもらうことが重要である。そのためには顧客との間に好ましい人間関係を構築することが大切である。

店頭販売　来店客の歓迎→来客へのアプローチ→商品の提示と説明→販売の終了（代金受領と包装―包装紙は動く広告である。そのデザインは，企業と取り扱い商品のイメージに合うものが望ましい。デザインは平面的に眺めるのではなく，商品を包装した状態で検討する―）→来客の見送り

訪問販売　事前準備（訪問先の状況を調査しておく）→商品説明など→事後処理（帰社後日報などを作成し，注文発送の手続きを行う）

② 購買動機と心理

商品を買うときにどのような理由で特定の店舗で購入するのか。その心の動きが購買動機である。

「AIDMA（アイドマ）モデル」の理論

購買行動を理解する上で代表的な理論となっているものは，Attention（注意・目にとまる），Interest（興味・関心をもつ），Desire（欲求・買いたいと思う），Memory（記憶・連想する），Action（行動・買う）の頭文字をとって「アイドマの理論」と呼ぶ。消費者がこの過程のなかで，どういう状態のときに，どうアピールをしたら，購買（アクション）につながるのかということを計画，検討し，効果的に実行に移すことがプロモーションである。

A	電車のつり広告を見る	→Attention 注意
I	芸能ニュースに興味をもつ	→Interest 興味
D	内容をもっと知りたくなる	→Desire 欲求
M	雑誌の名前を記憶する	→Memory 記憶
A	駅売店で買う	→Action 行動

(4) 接客マナー

　接客では，公平，迅速，正確，親切そして臨機応変に応対することを心がけよう。つぎに印象の重要性を覚えておきたい。人は予備知識のない人に出会ったとき第一印象で人を判断する。「親切な人」「いいかげんな人」「感じのいい人」等の印象である。

　販売接客では，その人の評価だけではなく，企業や店舗のイメージにもなってしまう恐れもある。印象を高めるには，つぎの五つのポイントを励行すると好印象につながる。

① あいさつ・返事

　あいさつは人間関係の第一歩であり，「はい」という返事もやる気を伝え，よい印象を与える。TPOに合わせたあいさつを心がける。

② 表　情

　「目は口ほどにものを言う」というように，アイコンタクトはコミュニケーションにおいて重要な要素となる。相手にやわらかな視線を送り，言葉を交わすとよい。また，笑顔で接することは，顧客への心配りである。

③ 動　作

　正しい姿勢，きびきびした動作はやる気を示し，落ちついた物腰は，相手に信頼感を与える。

④ 身だしなみ

　まず清潔であることが基本である。上から下まで（清潔なものを身につける，髪の整髪，ひげは毎日剃る，厚化粧にならない，口臭・体臭・足臭に注意，手や爪の汚れがないこと，香りの強い香水は避ける，靴の手入れ，制服やバッジは正しく手入れし着用するなど）接客にふさわしいかどうかをチェックしてから仕事に臨む。着こなしや手入れで，その人の仕事への姿勢が表われるものである。

⑤ 話し方・ことば遣い

　情報を伝えるだけではなく，心も伝わる話し方・ことば遣いを心がけることが大切である。話す相手との関係によって，正しいことば遣い（敬語）を使い分ける。

　間違いやすい敬語

　＊尊敬語と謙譲語の混同をしない

　店長の申されたとおりです（誤）→店長のおっしゃったとおりです（正）

　＊二重・過剰敬語はさける

　お客様がお見えになられました（誤）→お客様がお見えになりました（正）

敬　語

	尊敬語（相手の動作・持ち物に使う）	謙譲語（自分の動作・持ち物に使う）
いる	いらっしゃる	おる
来る	いらっしゃる・お越しになる	参る
行く	いらっしゃる	参る・伺う
する	なさる	いたす
聞く	お聞きになる・お耳に入る	伺う・拝聴する
言う	おっしゃる	申す
見る	ご覧になる	拝見する

接遇用語

接遇用語は，接待や応対の場面で使われることばである。接遇には敬語を基本として，誠意ある洗練されたことば遣いと立ち居振舞いを心がけるとよい。また，はきはきと明るい声で，温かい心配りをもって表現豊かに話すことが大切である。

来客を迎えるときのことば	いらっしゃいませ
感謝のことば	ありがとうございました
お詫びのことば	申し訳ございません
何かを依頼する・聞くときのことば	おそれいります
承諾の意を表わすことば	かしこまりました
待っていただくときのことば	少々お待ちくださいませ
待たせたときのことば	お待たせいたしました

接遇用語のマナー

正しいことば遣いだけでは，こちらの誠意が伝えにくい場合がある。特に，相手に許可を求める，断る，物事を依頼するときには，摩擦を避けながら，相手の感情を損なわない話し方が求められる。

＊クッションことばを用いる

「こちらでお待ちください」と言うよりも，「おそれいりますが，こちらでお待ちいただけますでしょうか」と言う方が，相手に「待て」という指示の意味を，「おそれいりますが」ということばで弱めて伝えている。このような命令，指示の意味合いの会話には，クッションことばを添えて感情の摩擦をさけると良い。

クッションことば

> 「おそれいりますが」「失礼ですが」「申し訳ございませんが」「お手数をおかけいたしますが」「あいにくでございますが」「～していただけませんでしょうか」

＊疑問形で話す

「お待ちください」と言うと，上から下へ，圧力のある断定的なことばに聞こえないだろうか。これを，「お待ちいただけますか」「お待ちいただけませんでしょうか」と話す。

＊提案・助言型で話す

「申し訳ございません。こちらの商品のMサイズは売り切れました。」と言うのは間違いではない。しかし、せっかくこの商品を買おうと思っている顧客が納得するだろうか。このようなときには、「申し訳ございません。この商品のMサイズは売り切れましたが、同じデザインで違う色のMサイズならございますが。」という提案あるいは助言という形の話し方をすると、こちらの誠意が伝わるのではないだろうか。

＊否定的な言い方を肯定的に話す

「恐れ入ります。こちらでのおたばこはご遠慮くださいませ。」これはよく耳にすることばである。しかし、顧客のなかには高圧的に感じる人がいるかもしれない。「おたばこはこちらでどうぞ。」という肯定的な言い方をすると、ダメという命令の色合いが薄まる。

(5) 販売員管理

販売店（企業）は店（企業）の代表として顧客に好印象を与えることができるように効果的な販売員の管理が必要である。

販売員の採用	販売員にふさわしい資質と能力を備えた人材を採用する。
販売員の訓練	商品情報や販売技術の知識習得のために、会議、討議、OJTなどで自己啓発を図り、接客サービス向上を目指す。
販売員の監督	販売目標を達成させるように販売諸活動を監督する。
販売員の動機づけ	金銭的報酬は、販売員の売上高増大につながりやすい。
販売員の報酬	販売成果を高めるような報酬制度（固定・歩合・併用給）を運用する。
販売員の業績評価	特定の評価基準で公正に評価する。

§4 信用販売

1 信用販売の方法

信用販売とは、商品やサービスの売買の際に、代金・料金の後払いを認める方法をいう。この方法は、買い手に代金決済上の便宜を図ることによって、売上げを伸ばし、顧客を固定化するという販売促進上の効果がある。信用販売は、信用調査と信用を与える相手先の与信判断、代金・料金回収という機能が必要となる。この機能を自社がもつ場合と専門の機関（クレジット会社、銀行・信販系会社など）に委託する場合とがある（信用調査は、本人確認から始まり、申し込み記載事項の事実確認、つぎに、契約に基づいての返済意思の確認、支払能力と支払い困難になったときの資産力の有無についてなどが主な判断基準となる）。

2 信用販売の形態

近年、安易に買い物をし過ぎたり、浪費する消費者が増え、社会問題となってきている。信用販売は、契約の相手先、代金の支払方法や契約の形態等により、内容が異なる。これがトラブルの原因になる恐れがあるので、利用に際しては慎重を要する。悪質な業者

から消費者を保護する法的規制もなされている。代表的なものとして,「割賦販売法」と「訪問販売等に関する法律」がある（どちらにも,商品の売買契約を締結したその日から8日以内ならば,原則無条件で,契約申し込みの撤回や解除に応じなければならないというクーリングオフ制度が設けられている）。

掛売り	代金支払いを一定期間猶予して商品を先渡しする方法。1ヵ月分を月末や翌日の一定日に集金する伝統的な信用販売形態
クレジット	カード会社が一定の信用条件を満たした消費者を会員としてクレジットカードを発行する。購入代金はカード会社から一括して払われ,会員名義の銀行口座から定期的に引き落とされる
割　賦	代金を分割して一定期間内に定期的に支払うことを認める方法。割賦販売法では,代金を2ヵ月以上にわたり,3回以上に分割して支払うことを条件とする。
提携ローンとキャッシング	商品購入資金貸付の仕組みである。ローンは使途を限定したもの（住宅・自動車・教育など）と自由なものがある

§5　店舗の立地と商品の陳列・照明

1　店舗立地

　店舗立地の選定にあたっては,集客力から予想売上高を算定し,出店費用との関係で採算性を考慮しなければならない。
　集客力が優れていれば営業成績を伸ばすことができ,店舗への集客は,販売対象となる商圏の大きさに左右される。店舗設定の際には,商業地区としての集客力のほか通行客や同業店との関係も検討しなければならない。

2　店舗設計

　店舗設計の基本は,顧客が入りやすく,楽しく便利に買い物ができる店である。そのためには,店舗の存在を明確に意識させる外装や看板などで顧客を引き付ける店頭の開放・透明度が重要なポイントとなる。

（1）外　装

　建物の一部を利用,借用する場合が多い。商店街などに立地する際には,化粧屋根や外壁画など個性的な魅力が重視されがちであるが,街並みの美観など周囲との調和を図らなければならない。

（2）看　板

　取引商品の内容や商号などがわかりやすい,個性的,印象的なものがよい。

（3）入　口

　店舗の出入り口は,最寄品店では開放型,専門店では閉鎖型,店頭・買回品店では中間

型と分けられることが多く見られる。

(4) ショーウィンドゥ（飾り窓）

ショーウィンドゥが魅力的であれば，通行者に商品を強く訴求して，店内に誘導されることになる。

3　店内設計

まず店内設計は，対面販売か，セルフサービスにするか，また取扱商品の種類別にどのように配置するかを決定する。そして，顧客が店内で楽しみながら安全に買い物できるように設計する。

(1) 陳列設備

商品の陳列には，棚（ゴンドラともいう），平台，ステージ（舞台），ハンガー，フック，ケース，ボックス，ワゴン（特価台）などがある。基本設計として，顧客のみやすい高さや大きさであるとともに，合理的かつ美しいデザインを追及する。

(2) 通　路

店内通路は，顧客を店内に誘導し巡回性があり，円滑に買い物ができるように配慮しつつ，販売活動が能率的に行えるように形，幅を決定する。

4　商品の陳列と照明

顧客に商品の価値を正確に伝えることが第一義である。しかもその商品が顧客の心を捉え，販売活動が適正に行われると，効果的な販売が実現する。

(1) 陳列方法

① **陳列器具別による陳列方法**（什器備品の特徴を理解して効果的に活用する）

棚（ゴンドラ）	最寄品を中心に，多くの商品を陳列できる
平台	商品に触りやすく，店内の見通しがよい
ハンガー	衣服の陳列によく使われる
フック	パッケージされた商品をかける
ボックス	衣料品などを細かく仕切られたブースに陳列する
ケース	対面販売で，衣料・貴金属などの高価な商品，展示数が少量の商品，清潔感を重視する商品，説明が必要な商品に使う。

② **陳列場所別による陳列方法**

ステージ（舞台）	売り場にステージをつくり，商品陳列をする
アイランド（島）	店内通路に小さな陳列部分をつくる
レジ前	レジの手前に陳列する
壁面	壁面の陳列棚を使う
エンド	棚（ゴンドラ）の端に大量に商品を積み上げる
ショーウィンドゥ	店舗入口や道路に面して設け，店舗イメージを高める

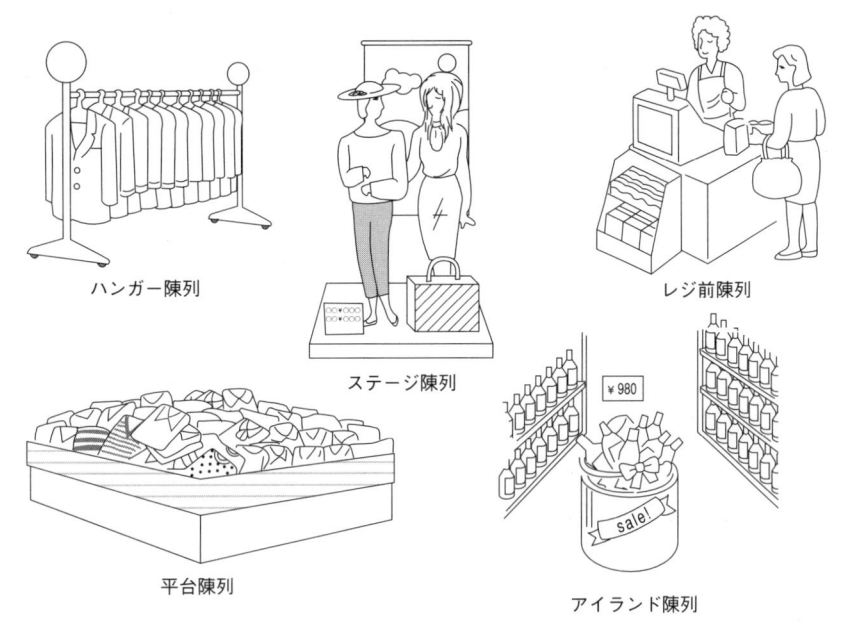

図 2.7.3　陳列方法

(2) 照　明

　店舗照明の方法は，単独よりいろいろな方法を組み合わせて使い，明るさ（照度）の設定をどの程度にするかを考慮する．光源の種類は，白熱灯と蛍光灯であり，場所・商品により使い分ける工夫をする．

全般照明	店内全体を同じような明るさにする照明（蛍光灯天井埋め込み型やルーバー型，白熱電球直付け型など）．
重点照明	特定の部分照明・アクセント照明で，とくに訴求したい部分を強調する．
装飾照明	店内イメージを高めるために，シャンデリア，ペンダント，壁面ブランケットなどを用いる．

§6　その他の販売促進活動

　これまで見てきた広告や販売活動以外に，広告活動や販売員活動を側面的に援助して，顧客の販売の需要を喚起する狭義の販売促進である．

　広告料のいらない広告として「パブリシティ」がある．企業がマスコミに自社製品・サービスの情報を提供する活動である．新聞やテレビなどのメディアは，企業と直接の利害関係がないので顧客の信頼を得やすく企業の評価を高めることにもつながる．しかし，企業からの情報提供を取り上げるかどうか決定するのはメディアである．

企業内部に対して 販売店に対して	パンフレット・カタログの企画，作成など。
	見本・パンフレット・カタログ，ハウスオーガン（企業が従業員や顧客に対して発行する刊行物）やPR誌，POP広告などの提供。経営コンサルティングの実施，展示会，コンテスト，ショーなど。インセンティブ・スタンプなど。
消費者に対して	見本・クーポン，トレーディング・スタンプ（収集することにより，一定の景品と交換できる。消費者向けをトレーディング，販売店向けをインセンティブという）の提供。各種クイズ，商品名の募集。工場見学，展示会，イベントなど。

パン焼きもできる炊飯ジャー（2003年10月7日毎日新聞）○○では，業界で初めてパン焼きコースを搭載した炊飯ジャー「炊きたて」（写真）の販売を始めた。釜をアルミニウムやステンレスを重ね合わせた9層構造にし，パン焼きに必要な高温を長時間持続させる耐久性を実現させた。パンの材料を釜に入れ，メニューキーを押すだけで発酵から焼き上げまでが手軽にできる。

Let's Challenge !!

Q1 つぎの①〜⑤のうち，正しいものには○印を，誤っているものには×印をつけなさい。
① 販売促進活動は，人的販売，パブリシティ，セールスプロモーションを手段として展開される。
② 欲求を感じていたものに記憶が戻るチャンスがあれば，最終段階の購買行動へと進む，これがアイドマと呼ばれるものである。
③ クチコミのよる効果は，広告やパブリシティよりも高いものではない。
④ プロモーション政策には，プッシュ政策とプル政策とがある。
⑤ セールスプロモーションの手段は限られ，効果も長期的なものが多いので，広告や人的販売などとの連動を考え，各段階にふさわしい手段を考えなければならない。

Q2 つぎの(1)〜(5)と関係のある記号を①〜⑦のなかから選びなさい。
(1) 四大マスメディア　　① メールニュース広告　　⑥ 見本品
(2) ネオンサイン　　　　② ショールーム　　　　　⑦ DM
(3) インターネット　　　③ 屋外媒体
(4) 駅ネットTV　　　　④ 交通媒体
(5) FAXによる情報提供　⑤ ラジオ

Q3 つぎの①〜⑤のうち，正しいものには○印を，誤っているものには×印をつけなさい。
① 丁寧語は，「〜です」から「〜でございます」まで，丁寧の度合いに差がある。これを上手に使い分けることが販売の際には求められる。
② 客に「申し訳ありませんが，店長がいらっしゃるまでこちらで少々お待ちくださいませ」と言う。

③ 客に「お客様の申されたとおりに準備いたしました」と言う。
④ 「明日お電話を差し上げます」と言う表現は，自分の動作に「お」をつけているので間違っている。
⑤ 客に「こちらでお召し上がりになられますか」というのは丁寧でよい。

Q4 つぎの文中の（　）内に適当な言葉を解答群から選びなさい。

　　POP広告は（①　）を補完し，消費者を購買行動に踏み切らせるための（②　）刺激となりうる。店舗において（③　）の活動を（④　）するとともに消費者の（⑤　）を誘引するのである。

【解答群】
ア　直接的　　イ　間接的　　ウ　SP広告　　エ　販売員　　オ　店内巡回　　カ　援助
キ　ブランド・ロイヤリティ　　ク　マス媒体広告　　ケ　指導　　コ　部下

Q5 つぎの①〜⑤は購買心理について述べたものであるが，最も関係の深いものをア〜キの語群から選びなさい。

【用　語】　　　　　　　【語群】
① 興　味（　）　　ア　あの人にすすめられた店だから大丈夫である。
② 欲　望（　）　　イ　「これをください」とクレジットカードを出す。
③ 行　動（　）　　ウ　どちらのカメラが使いやすいだろうか
④ 信　頼（　）　　エ　この間買ったズボンははきやすい。
⑤ 比較検討（　）　オ　このセーターの風合いが気に入った
　　　　　　　　　　カ　ショーウィンドゥのスーツがステキだ。
　　　　　　　　　　キ　プレゼントに何を送っていいかわからない。

【参考文献】

経営学概論編

安部悦生・壽永欣三郎・山口一臣『ケースブック アメリカ経営史』有斐閣　2002年
安室憲一『国際経営』日本経済新聞社　1993年
飯野利夫『財務会計論』[三訂版] 同文舘　1993年
伊丹敬之・加護野忠男『ゼミナール経営学入門』日本経済新聞社　1997年
稲盛和夫『稲盛和夫の実学──経営と会計』日本経済新聞社　1998年
岩田龍子『日本的経営の編成原理』文眞堂　1977年
上田泰『組織行動研究の展開』白桃書房　2003年
宇田川勝・中村青志編『マテリアル 日本経営史』有斐閣　1999年
大澤・一寸木・津田・土屋・二村・諸井編『現代経営学説の系譜』有斐閣　1989年
大野耐一『大野耐一の現場経営』[新装版] 日本能率マネジメントセンター　2001年
小川英次『現代の生産管理』日本経済新聞社　1982年
奥林康司・菊野一雄・石井修二・平尾武久・岩出博『労務管理入門』[増補版] 有斐閣新書　1992年
奥林康司編『入門 人的資源管理』中央経済社　2003年
小野旭『変化する日本的雇用慣行』日本労働研究機構　1997年
片岡泰彦『イタリア簿記史論』青山書房　1991年
金子昭監修『幹部のための「会社の経理」に明るくなる本』中経出版　1995年
工藤達男『経営基本管理』[増補版] 白桃書房　1991年
経営学検定試験協議会監修，経営能力開発センター編『経営学検定試験 公式テキスト 試験ガイド＆テキスト』中央経済社
厚生労働省大臣官房統計情報部編『就業形態の多様化に関する総合実態調査報告書』財務省印刷局　2001年
厚生労働省『平成15年版 日本の労働政策』労働調査会　2003年
雇用システム研究センター日本型コンピテンシー研究会編『日本型コンピテンシーモデルの提案』社会経済生産性本部生産性労働情報センター　2000年
齋藤毅憲・石井貫太郎編『グローバル時代の企業と社会』ミネルヴァ書房　2002年
生産管理研究会監修『生産管理実務〔製造部門担当者編〕』産能大学出版部　2003年
生産管理研究会監修『生産管理実務〔設計部門担当者編〕』産能大学出版部　2003年
高宮晋監修, 小林末男編『新・経営行動科学辞典』創成社　1996年
F.W.テーラー著／上野陽一訳編『科学的管理法』[新版] 産能大学出版部　1969年
西川清之『人的資源管理入門』学文社　1997年
日本経営者団体連盟『新時代の「日本的経営」──挑戦すべき方向とその具体策──』1995年
日本労働研究機構『能力開発基本調査報告書』2003年
野口恒『中国に負けてはいられない！日本発・最先端"生産改革"を見る』日刊工業新聞社　2003年
廣田傳一郎編『ビジネス・スタディーズ』中央経済社　1998年
藤井光男・丸山惠也編『現代日本経営史』ミネルヴァ書房　1990年
藤原徹三・木村三千世・原田保秀『検定簿記概論』学文社　2001年
A.H.マズロー著／金井壽宏監訳『完全なる経営』日本経済新聞社　2001年
三隅二不二・山田雄一・南隆男編『組織の行動科学』福村出版　1988年
宮田矢八郎『経営学100年の思想』ダイヤモンド社　2001年
宮本又郎・阿部武司・宇田川勝・沢井実・橘川武郎『日本経営史』有斐閣　1998年
藻利重隆編『経営学辞典』東洋経済新報社　1981年
森五郎編『現代日本の人事労務管理』有斐閣　1995年
吉倉英代監修, NPO法人高齢者自立支援協会編『平成15年版 中小企業診断士』本の泉社
吉田和夫『日本型経営システムの功罪』東洋経済新報社　1993年
渡辺峻・角野信夫・伊藤健市編『やさしく学ぶマネジメントの学説と思想』ミネルヴァ書房　2003年
Chandler, Alfred, *Scale and Scope：the dynamics of industrial capitalism*, Belknap Press of Harvard University Press, 1990.（安部悦生他訳『スケール・アンド・スコープ──経営力発展の国際比較』有斐閣　1993年）
Douglas McGregor, *The Human Side of Enterprise*, McGraw-Hill, 1960.（高橋達男訳『新版 企業の人間的側面』産能大出版部　1984年）

Drucker Peter F., *Managing in the Next Society*, Butterwoth-Heinemann, 2002.（上田惇生訳『ネクスト・ソサエティ』ダイヤモンド社　2002年）
Drucker Peter F., *The Practice of Management*, Harper & Row Publishers, 1954.（上田惇生訳『［新版］現代の経営』上・下　ダイヤモンド社　1996年）
Drucker Peter F., *The Age of Discontinuity*, Harper & Row Publishers, 1968.（上田惇生訳『［新版］断絶の時代』ダイヤモンド社　1999年）
Hersey P., Blanchard K. H., *Management of Organizational Behavior*, Prentice-Hall, 1977.（山本成二・水野基・成田攻訳『行動科学の発展』［新版］生産性出版　1990年）
Herzberg F., *Work and the Nature of Man*, World Publishing, 1966.（北野利信訳『仕事と人間性―動機づけ―衛生理論の新展開』東洋経済新報社　1968年）
Higgins, Robert C., *Analysis for Financial Management*, 6th ed., McGraw-Hill, 2000.（ロバーグロービス・マネジメント・インスティテュート訳『ファイナンシャル・マネジメント：企業財務の理論と実践』ダイヤモンド社　2002年）
Roethlisberger, F. J., *Management and Morale*, Harvard University Press, 1952.（野田一夫・川村欣也訳『経営と勤労意欲』ダイヤモンド社　1967年）
Roethlisberger, F. J. Zaleznik, Abraham, Christensen R.C., *The Motivation, Productivity, and Satisfaction of Workers*, 1958.（磯貝健一他訳『生産者集団の行動と心理：モチベーション・生産性・満足度』白桃書房　1965年）
Vroom V. H., *Work and Motivation*, John Wiley & Sons, 1964.（坂下昭宣他訳『仕事とモティベーション』千倉書房　1982年）

マーケティング編

朝野熙彦・上田隆穂『マーケティング＆リサーチ通論』講談社　2000年
青木幸弘・亀井昭宏・小川孔輔・田中洋『最新ブランド・マネジメント体系―理論から広告戦略まで』日経広告研究所　1997年
稲垣建二・三品広美・岩下正弘・守屋晴雄『現代商品入門』中央経済社　1994年
上田隆穂編『価格決定のマーケティング』有斐閣　1995年
上田隆穂『マーケティング価格戦略―価格決定と消費者心理』有斐閣　1999年
江尻弘『流通論』［改訂版］中央経済社　1997年
江尻弘『最新データベース・マーケティング』中央経済社　1996年
江田三喜男・大江宏・野口智雄・石黒光久・佐藤和代・平島廉久『マーケティング入門』実教出版　1999年
円川隆夫・安達俊行・今野浩・橋爪大三郎『製品開発論』日科技連出版社　1997年
柏尾昌哉編『現代社会と消費者問題』大月書店　1995年
柏木重秋編『マーケティング・リサーチ』同文舘　1999年
亀川雅人・有馬賢治『入門マーケティング』新世社　2000年
木綿良行他『現代マーケティング論』有斐閣ブックス　1989年
来住元朗『小売戦略環境としての消費者行動論』中央経済社　1995年
久保村隆祐・関根孝・住谷宏『現代マーケティング入門』ダイヤモンド社　1990年
久保村隆祐・荒川祐吉『商業学―現代流通の理論と政策』有斐閣　1974年
小宮路雅博『現代の流通と取引』同文舘　2000年
斎藤実男『グリーンマーケティング〈2〉』同文舘　1997年
坂部和夫『現代の販売管理論』中央経済社　1986年
産能大学マーケティンググループ『最新マーケティング―理論と実務』産能大学出版部　1993年
重田修治『日本一わかりやすいマーケティングの教科書』明日香出版社　2002年
田島義博・原田英生『ゼミナール　流通入門』日本経済新聞社　1997年
知念肇『現代日本流通論』中央経済社　1997年
出牛正芳『環境志向の製品計画』白桃書房　1992年
中谷安伸編『販売士検定試験2級これだけはやっとこう』一ツ橋書店　2003年
長門昇監修『3級販売士試験超整理本』日本法令　2002年
二木宏二・朝野熙彦『マーケティング・リサーチの計画と実際』日刊工業新聞社　1991年
西村林・三浦収編『現代マーケティング入門』［増補改訂版］中央経済社　1991年
西村林『現代流通論』中央経済社　1993年

野口衡『マーケティング入門―国際的視点に沿って』興学社　2000年
野沢建次『現代流通入門』中央経済社　1997年
浜田芳樹編『マーケティング論』建帛社　1989年
フィリップ・コトラー，ゲイリー・アームストロング著／月谷真紀・恩蔵直人訳『コトラーのマーケティング入門』ピアソンエデュケーション　2000年
三浦一『現代小売マーケティング論』千倉書房　1995年
水尾順一『マーケティング倫理―人間・社会・環境との共生』中央経済社　2000年
宮下正房『現代の流通戦略』中央経済社　1996年
吉田正昭『マーケティング・リサーチ入門』有斐閣新書　1983年
米谷雅之『現代製品戦略論―現代マーケティングにおける製品戦略の形成と展開』千倉書房　2001年
鷲尾紀吉『現代流通の潮流』同友館　1999年

索 引

あ 行

IR　67, 87
ISO　87, 89, 127, 130
IMF　82
アイテム　115
アベグレン, J.C.　9, 83
粗利益　141
安全性の分析　64
アンゾフ, H.I.　12, 34
育児休業法　56
意見収集法　113
意匠法　125
一次データ　103
一般職　48
異動・配置　46, 48
印紙税　66
インセンティブ・システム　54
インフォーマルグループ　16
ウェーバー, M.　14
上野陽一　9
売上高予算　114
売上高利益率　64
売上目標高　112
ヴルーム, V.H.　18
上澄吸収価格政策　143
X・Y理論　17
HRD　56
M&A　39
エンプロイヤビリティ　51
オイルショック　83
OECD　82
OJT　50
Off-JT　50
オープン価格制　148
卸売価格　144

か 行

介護休業法　56
外注管理　72
買い手市場　92
外部資料　103
買回品　133, 159
価格カルテル　147
価格指導制　147
価格弾力性　142
核家族　93
拡張製品　122
家庭用品品質表示法　127
カテゴリーブランド　126
家電リサイクル法　78
株式会社　23, 24, 25

環境基本法　78
環境報告書　130
観察法　108
監査役　25
間接税　65
監督者　26
カンパニー制組織　27
かんばん方式　74
管理会計　59
管理価格　141
官僚制組織　14
企業形態　22
企業内労働組合　84
季節割引　144
基礎的支出　93
既存製品　124
期待製品　122
期待理論　18
機能戦略　31
機能割引　144
規模の経済学　41
基本製品　122
キャッシュフロー計算書　62
キャリア・プラン　49
業　種　21
業績評価　51
競争価格　141
競争志向型　143
競争戦略　31, 43
協同組合　24
共同仕入　117
グッドデザイン選定制度　125
グリーンコンシュマー　130
グローバリゼーション　85
グローバル・スタンダード　86
経営家族主義　81
経験曲線理論　42
経営資源　28
経営者　26
経営戦略　28, 30
経営分析　63, 64
経営理念　28
景品表示法　127
契約社員　47
系列化　136, 137
嘱託社員　47
下水道法　78
決算公告　67
原価管理　72
原価値入率　142
現金割引　144

顕在需要　94
検　収　120
建設リサイクル法　78
現地生産　85
権限受容説　11
ゴーイングコンサーン　24
降　格　48
公企業　22
高級化　93
広　告　151
合資会社　23, 24
公私混合企業　22
公定価格　141
工程管理　71
高度経済成長期　82
購買管理　71
合名会社　23, 24
顧客志向　96
国　税　65
国際会計基準　67
個人企業　23, 24
コスト志向型　142
コストプラス法　142
コスト・リーダーシップ　41
個性化　93
固定資産税　66
固定比率　64
個別生産　70
コーポレートガバナンス　25
コーポレートブランド　126
雇用形態　47
コンピテンシー　52

さ 行

在庫管理　72, 118
在庫販売比率　119
再雇用制度　55
再販売価格　147
財務会計　59
サイモン, H.A.　11
サービスの有無　143
差別価格政策　144
差別化戦略　43
産業革命　8
3C　82
三種の神器　82, 84
サンプリング　106
サンプル調査　106
CI　89
CEO　26
COO　26

索引

CDP　49
仕入計画　115
仕入原価　141
仕入先　116
仕入時期　117
私企業　22
事業税　66
事業部制組織　27
資金繰り　63
資源有効利用促進法　78, 129
自己啓発　50
自己申告制　49
資材管理　72
市場開発戦略　34
市場指数法　113
市場浸透価格政策　144
市場浸透戦略　33
市場創造戦略　42
市場調査　102
システム4　15
事前調査　103
実験法　108
質問法　107
シナジー　35
死に筋商品　117
支払いリベート　145
資本金　24
社会貢献度調査　89
社会志向　96
社会的責任　88
ジャストインタイム　74
社内公募制　49
社内ベンチャー　37
収益性　64
習慣価格　145
終身雇用制　84
集団主義　83
集団面接法　108
住民税　66
出向　54
需要志向型　142
循環型社会形成推進基本法　78
ジョイントベンチャー　38
昇進　48
消費者志向　96
消費者モニター　105
消費税　66
消費生活用製品安全法　127
消費動向　92
消費の多様化　93
少品種大量生産　70
商品回転率　118, 143
商品管理　115, 118
商品特性　133

商品ライン　115
商標法　125
職種　21, 22
職能給　53
食品衛生法　127
食品リサイクル法　78
職務給　53
所得税　66
ジョブ・ホップ　86
所有と経営の分離　14
新規学卒者　48
人事考課制度　51
深層面接法　108
信用販売　158
新リサイクル法　130
水質汚濁防止法　78
随意支出　93
数量割引　144
スタッフ部門　27
ステークホルダー　88
ストアロイアリティ　115
税金　65
生産　69
生産志向　95
生産者価格　143
生産方式　70, 73, 74
正式調査　103
製造原価　141
製造物責任法（PL法）　129
成長戦略　30, 31, 33, 37
製品開発　122, 123
製品開発戦略　34
製品計画　115
製品政策　122, 127, 128
製品ミックス　122
製品ライフサイクル　43, 69, 151
潜在需要　94
潜在製品　123
全数調査　106
専属代理店制　137
選択的支出　93
専門職制度　48
専門品　134
戦略ビジョン　37
早期退職優遇制度　55
総合化　116
総合職　48
総資本利益率　64
損益計算書（P/L）　61
損益分岐点　64

た 行

第一次産業　20
大気汚染防止法　78

第三次産業　20
貸借一致の原則　61
貸借対照表（B/S）　60
退職金制度　54
態度・情意評価　51
第二次産業　20
代表取締役　23, 25
多品種少量生産　70
大量仕入　116
建値　147
ダブルブランド　126
単位価格　148
単純集計　109
男女雇用機会均等法　56
チェーンストア　138
地方税　65
チャネルキャプテン　138
チャンドラー，A.D.　12
中核ベネフィット　122
中間管理職　26
中小企業　85
中途採用　48
『帳合之法』　58
直接税　65
追跡　110
ディスクロージャー　67
定年退職　55
テイラー，F.W.　10, 76
　　──・システム　10
手じまい　117
デモンストレーション効果　92
転職支援制度　55
店舗立地　159
電話法　107
投影技法　108
動機調査　108
動機づけ－衛生理論　17
当座比率　64
統制価格　141
当用仕入　117
特殊化　116
独立開業支援制度　55
トータルプロダクト概念　122
ドメイン　31
留置法　108
ドラッカー，P.F.　11
取締役　25
取締役会　25
問屋　80

な 行

内部資料　103
ナショナルブランド　126
二次データ　103

二重価格表示　148
二番手企業　44
日本工業規格（JIS）　69, 127
日本農業規格（JAS）　127
人間関係　15
年功序列制　84
年俸制　53
能力開発　50
能力評価　51

　　　は　行

廃棄物処理法　78
派遣労働者　47
売価値入率　142
端数価格　145
ハーズバーグ, F.I.　17
パートタイマー　47
バーナード, C.I.　11
パネル調査　109
パブリシティ　161
バブル景気　83
バーリ, A.A.　14
販社制　133
販売員　154
販売価格　141
販売計画　112
販売志向　95
販売実績法　112
販売促進　150
販売店援助　136
販売統制　114
販売割当　114
PDSサイクル　99
PPM　33
ビジネスモデル　29
標本調査　106
品質管理　71
ファミリーブランド　126
ファヨール, H.　13
ファンクショナル組織　27
フィードラー, F.E.　15
フィランソロピー　89
フォード, H.　10, 73, 76

福利厚生　53
負債比率　64
物的管理　118
物流管理　72
不当景品類および
　不当表示防止法　127
プライスリーダー・シップ　147
プライベートブランド　126
フランチャイズチェーン　139
ブランドマネジャー制　100
ブランドロイヤリティ　126
プロダクトマネジャー制　99
文章完成法　109
ヘッドハンティング　38
ペティ＝クラークの法則　20
ベルトコンベア・システム　73
貿易摩擦　85
母集団　105
報酬　53
法人税　65
POSシステム　119
簿記　58, 59
ホーソン実験　16
ポーター, M.E.　13
ポーター＆ローラーⅢ　18
ポートフォリオ　32
ボランタリーチェーン　139

　　　ま　行

マークアップ　142
マグレガー, D.　16
マーケティング　94, 150
　グローバル・――　97
　個別企業的――　96
　ソーシャル・――　96
　マネジリアル・――　96
　――戦略　98
　――調査　102
　――統制　100
　――・ミックス　98
マージン　141
マズロー, A.H.　17
マーチャンダイジング　115

窓口問屋制　138
マンガ法　109
ミーンズ, G.C.　14
見込生産　70
ミンツバーグ, H.　13
無作為抽出法　106
名声価格　146
メイヨー, G.E.　16
メーカー希望小売価格　147
メセナ　89
面接法　107
目標管理　52
最寄品　133, 159

　　　や　行

薬事法　127
有意抽出法　107
有限会社　23
郵送法　107
ユニットプライス　148
容器包装リサイクル法　78
欲求階層説　17

　　　ら　行

ライン・アンド・
　スタッフ組織　27
リサイクル　130
リストラクチャリング　30, 32
リッカート, R.　15
リデュース　130
リベート政策　145
略式調査　103
流通　132, 135, 136
リユース　130
流動比率　64
ルカ・パチョーリ　58
レスリスバーガー, F.J.　16
連結決算　68
連続生産　70
労働関連法規　56

　　　わ　行

割引政策　144

執筆一覧

藤 原 徹 三　四天王寺国際仏教大学教授
　　　　　　　（第1部第3章）
木 村 三千世　四天王寺国際仏教大学短期大学部助教授
　　　　　　　（第1部第1,2,4,5,6,7章）
黒 田 廣 美　四天王寺国際仏教大学短期大学部助教授
　　　　　　　（第2部第7章）
原 田 保 秀　四天王寺国際仏教大学短期大学部専任講師
　　　　　　　（第2部第1,2,3,4,5,6章）

テキスト マネジメント

2004年4月10日　第一版第一刷発行　　◎検印省略

著　者　　藤原徹三
　　　　　木村三千世
　　　　　黒田廣美
　　　　　原田保秀

発行所　株式会社 学文社　　郵便番号　153-0064
　　　　　　　　　　　　　　東京都目黒区下目黒3-6-1
発行者　田中千津子　　　　　電　話　03(3715)1501(代)
　　　　　　　　　　　　　　振替口座　00130-9-98842

乱丁・落丁の場合は本社でお取替します。　印刷所　㈱シナノ
定価は売上カード，カバーに表示。

ISBN4-7620-1316-1

青島祐子著
女性のキャリアデザイン
――働き方・生き方の選択――
四六判 238頁 本体 1700円

いま働いている女性たち，社会に出ようとしている女性たちへ，生涯を貫くものとしてキャリアを位置づけ，長期的な職業生活のシナリオを描く。キャリアデザインの考え方と手がかりを解説。
1047-2 C3037

水原道子編著
社会人への準備
――就職講座――
B5判 144頁 本体 1600円

本書は，学生が身に付けておくべき社会性を基本とし，就職試験やインターンシップに向かうときに，情報の収集・分析や，実際の行動が短時間で把握できるよう編集。巻末に筆記試験問題例を付す。
1168-1 C1037

古閑博美編著
インターンシップ
――職業教育の理論と実践――
B5判 150頁 本体 2000円

教育の一環として企業等で一定の期間就業体験を行うインターンシップが注目されている。日本と米国等の現状を解説し，インターンシップの実際に役立つマナー等，就職・実務能力アップも狙う。
1064-2 C3037

川合雅子著
キャリア発掘 わたしの適性・適職発見
――短大・大学生版――
B5判 136頁 本体 1500円

自己理解を深め，就職したい職業選択や自己実現の道しるべを示した自己分析ノート。
就職準備の情報収集や将来のライフスタイルを考えるのに最適。
0933-4 C3011

菊地史子・浅野浩子・福永晶彦著
ビジネス実務事例研究
B5判 97頁 本体 1300円

実践ビジネスの基本能力開発を主眼に，知識編と実践編の二部構成。実務能力の基本である表現力を養うため「話すこと」「書くこと」を取り上げ，ビジネス現場で社会人にふさわしい意思疎通を目指す。
0931-8 C3034

塚原昭人・木村三千世・田中雅子・黒田廣美著
新 ビジネス実務論
B5判 96頁 本体 1300円

ビジネスの場でワーカーとして職務を遂行するための知識と理論を体系的に学ぶ入門書。全体像が把握しやすいように10章にまとめ，各章ごと問題集を付した。
1268-8 C3034

木村三千世・黒田廣美・田中雅子・土井茂桂子・野坂裕子・東野國子著
オフィス実務
B5判 126頁 本体 1500円

ビジネスの場で職業人として職務を遂行するために必要な知識を体系的に学び，さらに演習を通して技能を体得することを主眼にしている。社会へ巣立とうとする学生を対象としたビジネス実践の入門書。
1197-5 C3034

古閑博美著
ホスピタリティ概論
A5判 190頁 本体 2000円

ホスピタリティを人の行為から抽出することを試み，その普遍性と日本的ホスピタリティについて考察。ホスピタリティが相互の関係性を深める行為や，人間的温もりを他者に対し具現化するものと説く。
1198-3 C3034